最新法律文件解读丛书

行政与执行
法律文件解读

XINGZHENG YU ZHIXING FALÜ WENJIAN JIEDU

人民法院出版社　编

总第 239 辑　2024.11

人民法院出版社

图书在版编目（CIP）数据
行政与执行法律文件解读. 总第239辑 / 人民法院出版社编. -- 北京 : 人民法院出版社, 2025. 3. -- (最新法律文件解读丛书). -- ISBN 978-7-5109-4453-6
Ⅰ. D922.105
中国国家版本馆CIP数据核字第2025AH6884号

行政与执行法律文件解读·总第239辑
人民法院出版社　编

责任编辑　丁塞峨
出版发行　人民法院出版社
地　　址　北京市东城区东交民巷27号　邮编　100745
电　　话　(010)67550656(责任编辑)　67550558(发行部查询)
　　　　　　65223677(读者服务部)
客服QQ　2092078039
网　　址　http://www.courtbook.com.cn
E-mail　courtbook@sina.com
印　　刷　三河市国英印务有限公司
经　　销　新华书店
开　　本　787毫米×1092毫米　1/16
字　　数　115千字
印　　张　8
版　　次　2025年3月第1版　2025年3月第1次印刷
书　　号　ISBN 978-7-5109-4453-6
定　　价　28.00元

卷首语

为深入贯彻习近平法治思想，坚持以人民为中心，坚决防止“程序空转”，推动实质性化解矛盾纠纷，做到案结事了、政通人和，促进审判工作提质增效，依据《中华人民共和国民事诉讼法》《中华人民共和国行政诉讼法》等法律及相关司法解释规定，结合审判工作实际，最高人民法院于近期公布了《关于在审判工作中促进提质增效 推动实质性化解矛盾纠纷的指导意见》（以下简称《指导意见》）。为方便读者理解与把握《指导意见》在切实保障当事人诉讼权利、促进矛盾纠纷实质性化解等方面的规定，本辑“司法解释、司法指导性文件与解读”栏目重点收录了《指导意见》及其答记者问。

本辑“指导案例、典型案例与解读”栏目收录了司法部发布的贯彻实施新修订的行政复议法典型案例、最高人民法院发布的人民法院实质化解行政争议典型案例（第二批）等，为各级法院办理类案提供指导与参考。

本辑“行政审判讲堂答疑”栏目收录了最高人民法院“行政审判讲堂”第二期答疑，对司法实践中的重点、难点问题做出指导。例如，公民、法人或者其他组织提起行政诉讼，诉讼请求不具体或者所列被告不明确的，人民法院应当如何处理？在大多数被征收人已经与行政机关达成补偿协议情况下，如何在征收项目正常推进和保护未签订补偿协议的被征收人的合法权益之间寻求平衡？公民、法人或者其他组织对房屋交易合同网上签约后的行政机关的备案行为不服提起诉讼，是否属于行政诉讼受案范围？税务机关认定出票企业虚开增值税发票并作出税务处理决定，受票企业是否有权作为利害关系人申请行政复议？

最新法律文件解读丛书
编　辑　部

兰丽专　（010）67550626

丁丽娜　（010）67550608

周　敏　（010）67550562

杨　洁　（010）67550562

路建华　（010）67550660

丁塞峨　（010）67550656

投稿邮箱：

《刑事法律文件解读》　xingshijiedu@ 163. com

《民事法律文件解读》　1216921515@ qq. com

《商事法律文件解读》　shangshijiedu@ 126. com

《行政与执行法律文件解读》　1290312696@ qq. com

目录

司法解释、司法指导性文件与解读

指导案例、典型案例与解读

地方法规、地方规章与解读

行政审判讲堂答疑

新类型疑难案例选评

司法解释、司法指导性文件与解读

最高人民法院

印发《关于在审判工作中促进提质增效推动实质性化解矛盾纠纷的指导意见》的通知

2024 年 12 月 23 日　　　　法发〔2024〕16 号

各省、自治区、直辖市高级人民法院，解放军军事法院，新疆维吾尔自治区高级人民法院生产建设兵团分院：

现将《最高人民法院关于在审判工作中促进提质增效 推动实质性化解矛盾纠纷的指导意见》予以印发，请结合工作实际，认真参照执行。执行中遇到的问题，请及时报告最高人民法院。

最高人民法院

关于在审判工作中促进提质增效推动实质性化解矛盾纠纷的指导意见

为深入贯彻习近平法治思想，坚持以人民为中心，坚决防止“程序空转”，推动实质性化解矛盾纠纷，做到案结事了、政通人和，促进审判工作提质增效，依据《中华人民共和国民事诉讼法》《中华人民共和国行政诉讼法》等法律及相关司法解释规定，结合审判工作实际，制定本意见。

第一条 人民法院在审判工作中应当坚持依法履职，通过必需的审判、执行程序，依法及时准确回应诉求，切实保障当事人诉讼权利，促进矛盾纠纷实质性化解、一次性解决，努力让人民群众在每一个司法案件中感受到公平正义。

第二条 人民法院应当紧紧依靠党委领导，坚持和发展新时代“枫桥经验”，积极融入共建共治共享的社会治理大格局。

坚持调解优先，对起诉至人民法院的民事纠纷和行政赔偿、补偿以及行政机关在法定幅度内实施罚款、拘留等行政处罚引发的行政纠纷等案件，适宜调解的可以通过人民调解、行政调解、司法调解、行业性专业性调解等机制，促进和支持先行调解。对调解不成的，依法及时予以审理裁判，坚决杜绝强制调解、久调不决、以调压判等违反调解自愿原则情况的发生。

第三条 对起诉至人民法院的纠纷，应当按照立案登记制的要求，做到“有案必立、有诉必理”，人民法院立案诉服部门应当引导当事人按照示范文本规范要求提交起诉状、答辩状。起诉事项属于人民法院受理案件范围，但具有下列情形之一的，应当耐心开展法律释明、诉讼指导等工作，并一次性告知补正，不得径行裁定不予受理、不予立案或者驳回起诉：

（一）诉讼代理人未提交授权委托书及相关证明材料；

（二）法人或者其他组织起诉时，起诉材料缺少单位印章或者法定代表人、主要负责人签章；

（三）起诉状内容欠缺或者有其他错误；

（四）被告明确但无法提供准确的送达地址；

（五）起诉主张的案由明显错误；

（六）未能清楚表达诉讼请求；

（七）受诉人民法院没有管辖权；

（八）其他应当开展法律释明、诉讼指导的情形。

对当事人提起的符合法律规定的反诉、增加或者变更诉讼请求等，不得以“另行起诉”“执行阶段解决”等理由拒绝受理。

起诉事项不属于人民法院受理案件范围的，及时做好法律释明和思想疏导工作，引导当事人选择其他适当渠道救济权利，防止矛盾升级激化。

第四条 人民法院应当一次性全面核对起诉是否符合法律规定的起诉条件，不符合的，应当在裁定书中阐明理由。

上级人民法院认为下级人民法院裁定不予受理、不予立案或者驳回起诉错误，裁定指令下级人民法院审理后，下级人民法院认为出现新的事实理由需要裁定驳回起诉的，应当报请上级人民法院同意。

第五条 对符合法律规定的共同诉讼案件，人民法院应当登记编立一个案件，禁止“人为”拆案。依法应当合并审理的，必须合并审理；依法可以合并审理的，除当事人提出合理异议外，一般应当合并审理。

对原告同时针对同一行政机关或者不同行政机关作出的两个以上具有关联性的行政行为分别提起诉讼的，人民法院应当逐一认定是否符合法定起诉条件；符合法定起诉条件且合并审理有利于实质化解争议的，可以依法合并审理。

第六条 行政诉讼的原告撤回起诉后再行起诉，能够提供证据证明存在下列情形之一的，属于具有“正当理由”，人民法院应当依法予以立案：

（一）原告因受欺骗、胁迫而申请撤诉，违背本人真实意愿；

（二）原告与行政机关达成和解而申请撤诉，但因行政机关的原因导致和解并未实际履行；

（三）原告因行政机关承诺解决相关争议或者其他实际困难而申请撤诉，但行政机关在承诺期限或者合理期限内未予解决；

（四）其他具有正当理由的情形。

第七条 人民法院在审理行政案件中发现需先行解决相关民事争议，且该民事争议可以同行政案件一并解决的，应当告知当事人依法申请一并解决民事争议。当事人依法申请一并解决民事争议的，人民法院应当一并审理行政与民事案件；当事人明确表示不申请一并审理民事争议，也未通过民事诉讼、仲裁等法定途径解决相关民事争议的，人民法院应当根据现有证据依法就行政案件作出裁判。

人民法院发现已经受理的民事案件属于行政诉讼受案范围的，应当在征得原告同意后，及时将案件转为行政案件进行审理。对行政案件没有管辖权的，应当依法裁定移送有管辖权的人民法院。受移送的人民法院认为案件不属于行政诉讼的，应当报请它们的共同上级人民法院决定。

人民法院发现已经受理的行政案件属于民事诉讼受案范围的，参照前款执行。

第八条 人民法院对属于本院管辖的案件，不得违法裁定移送管辖。原告为规避管辖规定而增加被告的，受诉人民法院在确定是否具有管辖权时，应当要求原告提交证据证明该被告与诉争事项具有利害关系。没有利害关系且不存在其他确定管辖的法定事项的，受诉人民法院应当裁定将案件移送至有管辖权的人民法院。

第九条 人民法院在第一审程序中应当准确归纳争议焦点，加强对当事人举证的指导，明确告知当事人逾期不提供证据的法律后果，引导当事人正确、全面、诚实、及时地完成举证。

对在案证据有欠缺，当事人因客观原因不能自行收集，申请人民法院调查收集证据的，应当准许。对审理案件需要、当事人不自行收集的证据，人民法院应当依职权主动调查收集。

第十条 对符合民事诉讼法第五十九条第一款、第二款和行政诉讼法第二十九条第一款规定情形的第三人，当事人申请追加或者该第三人申请参加诉讼的，人民法院应当准许；当事人或者该第三人未提出申请，但该第三人参加诉讼有利于查明事实、一揽子解决纠纷的，人民法院应当通知其参加诉讼。

对应当追加而未追加的第三人提出第三人撤销之诉，符合民事诉讼法第五十九条第三款规定的，应当予以受理；对被通知参加诉讼但因归责于其本人的事由未参加的第三人，提出第三人撤销之诉的，应当不予受理。

第十一条 人民法院在受理、审理合同纠纷时，可以根据起诉和答辩情况，向原告作出如下释明：

（一）起诉主张解除合同的，人民法院可以告知诉讼请求不能被支持或者合同无效情形下，是否请求继续履行合同或者主张缔约过失责任；

（二）起诉主张继续履行合同的，人民法院可以告知合同无效或者履行不能情形下，是否主张缔约过失责任或者请求解除合同；

（三）起诉主张合同无效的，人民法院可以告知合同有效或者履行不能情形下，是否请求继续履行合同或者解除合同。

经释明，原告提出相应诉讼请求的，人民法院应当向被告释明可以行使抗辩权。

第十二条 人民法院应当在第二审程序中认真全面审查当事人的上诉请求，能够在第二审程序查清事实的，应当在查明事实后依法裁判，一般不应发回重审。第一审程序存在瑕疵，但未对当事人诉讼权利产生实质影响，且裁判结果正确的，二审裁判可以指正瑕疵后维持一审裁判。

对当事人上诉请求之外发现认定事实、适用法律存在错误，损害国家利益、社会公共利益或者他人合法权益的，人民法院应当在二审裁判中予以纠正。

人民法院应当努力维护当事人的胜诉权利，避免一方当事人通过恶意拖延诉讼的方式损害对方当事人合法权益。对借款合同纠纷中，当事人对借款本金无异议，仅就利息部分提起上诉，以及担保合同纠纷中，当事人对主债务无异议，仅就担保责任提起上诉等情形，经当事人申请，人民法院可以就无争议事项先行判决。

第十三条 人民法院应当强化一、二审裁判文书的释法说理，正面回应当事人的诉辩意见，严格落实判后答疑，促进当事人服判息诉。对不服生效裁判提出的再审申请，人民法院经审查认为原审裁判认定事实、适用法律并无不当的，按照实质性化解矛盾纠纷的要求，可以视情形由本院或者生效裁判法院做当事人的服判息诉工作。

人民法院应当积极服务保障企业生产经营，助力营造市场化、法治化营商环境。对建设工程施工合同纠纷中，当事人对承建工程的事实无争议，仅就消防工程等个别施工项目的履行申请再审，或者买卖合同纠纷中，当事人对整体的交易关系无争议，仅就个别批次标的物的交付申请再审，若中止原判决、裁定、调解书的执行可能严重影响企业生产经营，经当事人申请，人民法院可以对再审申请不涉及的原判事项不中止执行。

第十四条 人民法院审理行政案件，在坚持合法性审查原则的基础上，应当加强对实质诉求的审查、回应，依法作出有利于实质性化解行政争议的裁判：

（一）人民法院判决行政机关履行法定职责或者给付义务的，应当根据案件相关事实尽可能作出内容具体明确的判决。确需行政机关调查或者裁量，责令重新作出行政行为或者采取补救措施的，应当在裁判文书中对重作标准、履行期限等内容进行指引。

（二）当事人请求撤销被诉行政行为、确认被诉行政行为违法或者无效的，人民法院可以释明一并解决可能存在的行政赔偿争议；在行政赔偿案件中能够一并解决补偿问题的，应当一并作出处理。

（三）人民法院认为处罚明显不当，或者其他行政行为涉及对款额的确定、认定有错误的，应当尽可能在查明案件事实的基础上，直接判决变更。

第十五条 人民法院应当坚持“执源”治理，积极推进符合司法规律的立案、审判、执行一体化管理，在立案、审判阶段考虑后续可能出现的执行问题，做好提示和告知，主动引导当事人申请财产保全，必要时应当依职权采取财产保全措施。制作裁判文书时，应当做到权利义务主体和给付内容明确且具有可执行性，特别注重调解书的即时、自动履行。做好判后督促履行工作，切实提升生效裁判自动履行率。

人民法院应当及时、规范采取财产保全、查控、处置和案款发放等措施，对有财产可供执行的，依法处置变现并及时给付；对无财产可供执行的，规范适用终结本次执行程序；对恶意拖延执行、虚假提起执行异议等滥用执行异议权的，应当依据民事诉讼法第一百一十四条、第一百一十六条的规定，采取强制措施。

第十六条 人民法院对无财产可供执行案件裁定终结本次执行程序的，应当坚持以穷尽执行措施后“执行不能”为原则，严禁盲目追求结案率而随意终结执行，避免多次终结本次执行、反复恢复执行。未开展以下工作的，不得裁定终结本次执行程序：

（一）向被执行人发出执行通知、限制消费令，将符合条件的被执行人纳入失信被执行人名单；

（二）穷尽全面查询被执行人财产情况，进行必要的现场调查、搜查措施，依法查找下落不明的被执行人等必要的调查措施；

（三）对发现的被执行人财产进行处置，但不能处置的除外；

（四）对妨害执行的被执行人或者其他人依法采取罚款、拘留等强制措施，或者对构成犯罪的被执行人依法启动刑事责任追究程序；

（五）约谈征询申请执行人意见，但涉诉讼费、刑事涉财产刑的执行除外；

（六）依法采取其他执行措施。

第十七条 人民法院应当加强审判管理监督，强化案件质效分析，及时发现纠正问题，最大限度化解矛盾纠纷，维护人民群众合法权益，维护法治的权威和尊严，维护社会稳定。

最高人民法院相关部门负责人就《关于在审判工作中促进提质增效 推动实质性化解矛盾纠纷的指导意见》答记者问

2024年12月30日，最高人民法院正式对外发布《关于在审判工作中促进提质增效 推动实质性化解矛盾纠纷的指导意见》（以下简称《指导意见》），对切实保障当事人诉讼权利，促进矛盾纠纷实质性化解、一次性解决作出规定。最高人民法院有关部门负责人就出台《指导意见》相关问题回答了记者提问。

问题1：请简要介绍一下《指导意见》的起草背景。

答：近年来，司法实践中不同程度地存在就案办案、机械司法等问题，导致案件进入诉讼后经历立案、审判、执行多个程序，在上下级法院之间来回反复，未能及时回应群众诉求、实质性化解纠纷，人民群众对此反映强烈。最高人民法院党组和张军院长高度重视防范“程序空转”，要求积极回应社会关切，采取有力措施规制“一案结、多案生”

现象，切实做到案结事了、政通人和。

“案结事未了”表面上是审判方法问题，更深层次体现的是司法理念的问题，本质上是人民法院能否牢牢站稳人民立场的问题。为了切实找准问题、解决问题，最高人民法院经过广泛调研，总结司法经验，深入分析“程序空转”现象背后的相关规定不尽完善、一定程度上存在规避管理等深层次原因，对准确把握、严格落实相关法律及司法解释规定，强化符合司法规律的审判管理，在立案、审判、执行各环节进一步做实定分止争、实质解纷工作提出明确要求，形成了《指导意见》。

在《指导意见》起草过程中，我们始终坚持以习近平新时代中国特色社会主义思想为指导，深入贯彻习近平法治思想，牢牢坚持以人民为中心，坚决把中国特色社会主义司法制度的优越性落实到依法公正高效办理每一个具体案件上，努力让人民群众在每一个司法案件中感受到公平正义。

《指导意见》经广泛征求意见、审判委员会审议，最终形成十七个条文，力图以解决“程序空转”为小切口，指导各级法院用最优质量、最高效率、最佳效果处理好每一个案件，防止因管理不当、权利滥用而造成的诉讼拖延，促进当事人把更多精力投入生产生活中，助力经济社会高质量发展，以审判工作现代化支撑和服务中国式现代化。

问题2：2015年，党的十八届四中全会决定人民法院实行立案登记制改革。请问《指导意见》在巩固立案登记制改革成果方面采取了哪些举措？

答：调研中发现，个别人民法院还存在通过程序问题将老百姓的诉求简单拒之门外，导致当事人无法及时获得司法救济的问题。比如，有的法院受理起诉时要求当事人必须准确主张案由，一旦当事人提出的案由与起诉材料指向的案由不一致，法院即以当事人主张的案由错误为由，不予登记立案；涉及法人或者其他组织起诉时，要求在起诉状等文件上加盖公章的同时，必须有法定代表人、负责人签字或者盖章，否则便不予登记立案；还有的法院以本院无管辖权为由，既不接收材料，也不作出裁定，导致当事人起诉无门。

《指导意见》坚决站稳人民立场，突出强调各级法院要严格落实立案登记制要求，加强起诉受理阶段的释明指导，对属于人民法院受理案件范围的起诉事项不得随意以不符合条件为由不予登记立案；也不能仅仅因为诉讼代理人未提交授权委托书及相关证明材料、当事人起诉主张的案由明显错误、起诉材料缺少单位印章或者法定代表人、主要负责人签章就径行裁定不予受理、不予立案或者驳回起诉。许多当事人因缺乏专业的法律知识，不能准确理解法定起诉条件，人民法院立案诉服部门应当耐心做好法律释明、诉讼指导等工作，引导当事人按照示范文本规范要求提交起诉状、答辩状，依法行使诉讼权利。

此外，《指导意见》还强调，对当事人提起的符合法律规定的反诉、增加或者变更诉讼请求等，不得以“另行起诉”“执行阶段解决”等理由拒绝受理。

问题3：征收拆迁领域，多行政机关多程序多行政行为交织，存在较为突出的“一事多案”现象，个别法院还存在“人为”拆分共同诉讼的“反管理”问题。对此，《指导意见》有什么规范措施？

答：行政诉讼法规定的共同诉讼主要包括两种：一是必要共同诉讼，依法应当合并审理；二是普通共同诉讼，依法可以合并审理。实践中，个别法院还存在对共同诉讼案件“人为”拆分，加剧“一事多案”现象，增加当事人讼累。针对上述问题，《指导意见》旗帜鲜明地作出规定，对符合法律规定的共同诉讼案件，人民法院依法应当合并审理的，必须合并审理；依法可以合并审理的，除当事人提出合理异议外，一般应当合并审理。

实践中，由于行政管理的复杂性，一个最终影响相对人权利义务的结果，可能是多行政机关多程序多行政行为共同造成的。征收拆迁领域尤其突出。原告通常要针对不同部门、不同行政行为单独起诉，老百姓的“一件事”最终演化成行政诉讼“多个案”。针对上述问题，《指导意见》明确了可以合并审理的情形，即规定原告同时针对同一行政机关或者不同行政机关作出的两个以上具有关联性的行政行为分别提起诉讼的，人民法院应当逐一认定是否符合法定起诉条件；符合法定起诉条件且合并审理有利于实质化解争议的，可以依法合并审理。这样处理虽然会加重人民法院的工作负担，加大法官审理与裁判的难度，但有利于综合审查多个实质相关的行政行为，及时高效化解行政争议，减少群众讼累。

问题4：《指导意见》明确了行政诉讼中原告撤诉后再行起诉的“正当理由”，这主要是出于什么考虑？

答：《最高人民法院关于适用〈中华人民共和国行政诉讼法〉的解释》第六十条第一款规定，人民法院裁定准许原告撤诉后，原告以同一事实和理由重新起诉的，人民法院不予立案。这是因为：第一，行政行为本身涉及众多社会关系的稳定问题，很多被诉行政行为本身又是其他行政行为得以作出的前提，因而需要保持一定的稳定性；第二，行政诉讼中原告的撤诉需要经过司法审查，确认撤诉符合法律规定才准许。如果允许原告不加限制地再行起诉，容易导致对诉权的滥用，影响行政效率，浪费司法资源。

但是，实践中也出现有的原告重新起诉确有正当理由的新情况，如果一律不允许原告撤诉后再行起诉，将导致行政争议得不到实质解决，原告的合法权益得不到实质救济，不利于维护社会和谐稳定。主要体现在：一是原告因受欺骗、胁迫而申请撤诉，违背本人真实意愿，这本身即为妨碍行政诉讼的违法行为，有必要予以纠正。二是原告与行政机关达成和解而申请撤诉，但是因行政机关的原因导致和解并未实际履行。三是原告因行政机关承诺解决相关争议或者其他实际困难而申请撤诉，但是行政机关在承诺期限或者合理期限内未予解决。第二种、第三种情形允许原告再行起诉有利于督促行政机关及时、全面守信践诺。《指导意见》明确规定，原告能够提供证据证明存在上述三种情形之一或者其他具有正当理由的情形的，都属于撤诉后再行起诉具有“正当理由”，人民法院应当依法予以立案。

问题5：民行交叉案件的处理一直是司法实践中的难点。我们注意到，《指导意见》对民行交叉案件的处理作了规定，您能简单介绍一下主要思路和要点吗？

答：实践中，行政争议与民事争议交叉案件日益增多，此类案件往往法律关系复杂，容易导致循环诉讼、民行裁判冲突、争议实质化解难。有的原告诉讼十余年，收到数十份民事、行政裁判文书，但争议仍未得到有效解决，难以服判息诉。对此，《指导意见》的基本思路是聚焦当事人的实质争议，打破民行诉讼壁垒，力争实现相关争议的一揽子、一次性解决，主要体现在以下两个方面：一是明确了一并审理民事争议的释明和裁判规则。民事争议为解决行政案件基础的，人民法院必须进行释明指导，告知当事人依法申请一并解决相关民事争议。当事人明确表示不申请一并解决相关民事争议，也未通过民事诉讼、仲裁等法定途径解决相关民事争议的，人民法院应当根据现有证据依法就行政案件作出裁判。二是构建了民事案件与行政案件互相转换机制。人民法院发现受理的民事案件属于行政诉讼受案范围的，应当在征得原告同意后，及时将案件转为行政案件进行审理。同理，人民法院发现已经受理的行政案件属于民事诉讼受案范围的，应当在征得原告同意后，及时将案件转为民事案件进行审理。因为民事、行政案件的管辖规则存在差异，人民法院对转换后的案件没有管辖权的，应当依法裁定移送有管辖权的人民法院。受移送的人民法院若对案件性质存在不同意见，不得再自行移送，而应当报请它们的共同上级人民法院决定。这一新规定的本质是更好践行司法为民理念，不论是行政审判还是民事审判、不论是行政审判庭还是民事审判庭，都是为人民服务的，都要做深做实定分止争工作，不能因为法院内部审判职能分工而影响当事人行使诉讼权利。

问题6：合同纠纷中，可能因原告的主张与法院认定结果不一致而造成败诉，只能变更诉讼请求另行起诉。比如：原告主张解除合同，但法院认定合同无效，此时原告的诉讼请求无法得到支持，就合同无效后的权利救济还得另行起诉，一定程度上造成诉讼程序的反复。请问《指导意见》对解决此类问题是否有所考虑？

答：此问题涉及原告在一个程序中除原有诉讼请求外，能否向法院提出备选诉讼请求。目前，我国在立法上并未明确人民法院对于当事人提出的备选诉讼请求应当如何处理，各地争议也较大。为了促进矛盾纠纷的实质性化解、一次性解决，避免当事人陷入反复的诉讼程序当中，影响正常的生产生活，《指导意见》指出人民法院在受理、审理合同纠纷时，可以区分起诉和答辩情况，向原告作出如下释明：（一）起诉主张解除合同的，人民法院可以告知诉讼请求不能被支持或者合同无效情形下，是否请求继续履行合同或者主张缔约过失责任；（二）起诉主张继续履行合同的，人民法院可以告知合同无效或者履行不能情形下，是否主张缔约过失责任或者请求解除合同；（三）起诉主张合同无效的，人民法院可以告知合同有效或者履行不能情形下，是否请求继续履行合同或者解除合同。原告提出相应诉讼请求的，被告可以行使抗辩权。

上述情况下，原告提出的原有诉讼请求和备选诉讼请求在法律上具有一定的关联。经审理，如果人民法院对当事人原有诉讼请求作出胜诉判决，则无需再审查备选诉讼请求；若人民法院对当事人原有诉讼请求作出败诉判决，则应对备选诉讼请求作出审理裁判。《指导意见》作出这一规定，充分体现了人民法院对于当事人诉讼处分权的尊重，既有利于一次性化解错综复杂的矛盾纠纷、减少当事人的诉讼投入，也有利于节约司法资源、确保实体公正和裁判统一。

问题7：为更好实质性化解行政争议，行政案件有必要强调“判到位”，《指导意见》如何体现这一要求？

答：行政审判实践中，“判不到位”、原告“虽胜犹败”的现象时有发生，成为“案结事未了”的重要原因之一。依法作出裁判是人民法院的职责所在。人民法院应当坚持当判则判，且判就要“判到位”，实质性化解行政争议。为此，《指导意见》提出了行政案件裁判的原则要求，即要在坚持合法性审查原则的基础上，加强对当事人实质诉求的审查、回应，依法作出最有利于实质性化解行政争议的裁判。具体包括三个方面：一是人民法院判决行政机关履行法定职责或者给付义务的，应当根据案件相关事实尽可能作出内容具体明确的判决。这是给付诉讼的应有之义。实践中，难免也会有需要行政机关调查或者裁量的情况，但有的法院简单地责令重新作出行政行为或者笼统地要求采取补救措施，导致争议得不到实质解决，甚至演变成新的矛盾纠纷。针对该问题，《指导意见》规定人民法院应当在裁判文书中对重作标准、履行期限等内容进行指引。二是重申了《最高人民法院关于适用〈中华人民共和国行政诉讼法〉的解释》第九十五条的规定，当事人请求撤销被诉行政行为、确认被诉行政行为违法或者无效的，人民法院可以释明一并解决可能存在的行政赔偿争议。实践中，行政赔偿案件不解决补偿问题，导致衍生出大量行政补偿案件，故《指导意见》明确在行政赔偿案件中能够一并解决补偿问题的，应当一并作出处理。三是行政诉讼法第七十七条第一款规定，行政处罚明显不当，或者其他行政行为涉及对款额的确定、认定确有错误的，人民法院“可以”判决变更。变更判决作为能够直接调整行政法律关系的判决方式，在实践中的应用仍需加强，故《指导意见》明确“应当尽可能在查明案件事实的基础上，直接判决变更”。

问题8：执行工作是实现公平正义的“最后一公里”，2024年以来，最高人民法院突出强调坚持系统观念，切实树牢法院工作“一盘棋”理念和“一次性化解纠纷”意识，努力推动“立审执一体化”，请问《指导意见》在这方面有无具体要求？

答：《指导意见》围绕执行程序如何防止“程序空转”，从源头上减少执行案件增量提出了具体要求。

一是要求做好风险告知。风险告知贯穿于调解、立案、审判和执行各个程序，在诉讼和执行风险提示书中，特别列明可能出现的败诉和“执行不能”风险，使当事人对诉讼和执行结果有合理预期。在自动履行提示书中，明确对人民法院生效法律文书确定承担的义务，债务人应及时、自动履行，以及不及时、自动履行所应承担的法律后果。

二是积极推进保全。保全对案件的调解、审判和后续的执行都具有重要作用。人民法院要加强对当事人申请诉前保全的释明和引导，对符合法律和司法解释规定条件的保全申请，依法及时作出保全裁定，及时移送执行部门执行，结合案件实际情况提高诉前保全比例。保全裁定应尽可能明确保全财产（或者证据）名称、数量或者数额、特征、存放地点、保全期限等信息。

三是强化裁判文书的可执行性。对于金钱债务的履行，判决给付金钱的，应明确给付数额、时间等，需要计算利息、违约金的，应明确计算基数、标准、起止时间等。对于非金钱债务的履行，判决交付、分割财产的，应明确财产名称、权属、数量或者数额、交付条件、交付方式、交付时间、逾期责任等；判决继续履行合同的，应明确继续履行合同的内容、方式、期限等。

四是督促调解协议的自动履行。调解是当事人就纠纷和后续履行达成的协议，调解应该是自愿履行的，申请强制执行越少越好。调解过程中，要全面细致评估债务人实际履行意愿、能力和诚意，合理确定履行期限、方式和金额，确保调解协议内容明确具体，具有可执行性，防止当事人假借调解之名逃避履行法律义务。加强对调解协议自动履行的提示和告知，引导当事人主动履行、当场履行调解协议。诉前调解协议系分期履行金钱债务或者行为履行的，可以引导当事人通过在调解协议中设立担保履行条款或者交纳保证金等方式，保障调解协议履行。

此外，《指导意见》强调保障当事人、案外人依法提出执行异议权利的同时，要对恶意拖延执行、虚假提起执行异议等滥用执行异议权的行为，依法采取强制措施。

问题9：《指导意见》就人民法院对无财产可供执行案件裁定终结本次执行程序的前提条件作出了专门规定，请简要介绍一下这一规定的主要考虑。

答：终结本次执行程序的法律依据是《最高人民法院关于适用〈中华人民共和国民事诉讼法〉的解释》第五百一十七条，目的是解决“执行不能”案件程序性结案问题，将有限的司法资源集中于办理有财产执行案件，同时，对终本案件纳入专门案件库统一管理，以便符合条件时及时恢复执行。终本执行作为执行案件结案方式之一，如果被滥用而随意结案，将造成反复执行、“程序空转”。因此，《指导意见》专门对规范终本执行加以规定，根据相关规范性文件和通知内容，总结归纳了不得终本执行的情形，要求未开展必要执行工作的不得终本。

终本前必要的执行工作规定为六项：一是进入执行程序后向被执行人发出执行通知，采取限制消费措施，符合条件的纳入失信被执行人名单；二是穷尽必要的财产调查措施，除网络查询外，还必须进行必要的现场调查、搜查；三是积极处置已发现的被执行人财产；四是发现被执行人妨害执行的，依法采取罚款、拘留等强制措施或启动追究拒执罪程序；五是终本前对申请执行人进行约谈，充分尊重申请执行人的知情权和参与权；六是兜底条款即依法采取其他执行措施，为下一步严格规范终本前执行工作留有空间。通过以上规定，严把终本执行关口，避免盲目追求结案多次报结又多次恢复执行，有效防止执行案件“程序空转”。

（来源：最高人民法院网站）

指导案例、典型案例与解读

司法部发布贯彻实施新修订的行政复议法典型案例

（2024年6月12日）

新修订的行政复议法于2024年1月1日起实施。习近平总书记指出，要发挥行政复议公正高效、便民为民的制度优势和化解行政争议的主渠道作用。[①] 国务院印发通知，对行政复议法的贯彻实施提出要求。新修订的行政复议法以打造化解行政争议主渠道为导向，扩大了行政复议范围，强化了调解在行政复议中的运用，实施繁简分流，注重推动行政机关自行纠错，对行政复议案件审理的具体程序进行了全流程优化和创新性改造。为深入贯彻实施新修订的行政复议法，2024年6月，司法部发布了一批行政复议典型案例，为各级行政复议机关适用新规定办理行政复议案件提供示范和指引。

本次共发布6件典型案例，这些案例具有以下特点：一是涉及“新业务”，行政复议化解行政争议涉及领域更加广泛。这批案例涵盖了市场监管、生态环境、社会保障、医疗保险、城建、交通等各个领域，也

① 参见习近平：《推进全面依法治国，发挥法治在国家治理体系和治理能力现代化中的积极作用》，载《求是》2020年第22期。

包含了新修订行政复议法规定的行政协议、政府信息公开等新类型案件。行政复议机关坚持应收尽收，积极受理、依法办理各类案件，把更多行政争议吸纳到行政复议程序中予以解决。二是适用“新程序”，行政复议工作质效进一步提升。这批案例中，既有适用简易程序办理的案件，也有适用普通程序听取意见、组织听证的案件，在保障当事人各项权利基础上，更加全面、高效地查明案情，保证了案件审理公开公正。三是运用“新机制”，行政复议制度功能进一步彰显。这批案例中，新修订行政复议法规定的调解、先行化解、行政复议意见书等许多新机制新举措得到充分运用，有效地解决群众实际利益诉求，实现定分止争，既防止了程序空转，也推进了严格规范公正文明执法。

这批典型案例从不同方面体现了新修订行政复议法的立法精神，对各级行政复议机构办理案件具有较强的指导意义。

第一，加大行政复议监督纠错力度，促进和规范依法行政。行政复议机关认真贯彻实施新修订的行政复议法，在查清事实和证据的前提下，优先适用变更决定，进一步凸显其在行政复议决定体系内的重要地位。比如，在案例一“某酒店不服市场监督管理局行政处罚申请行政复议案”中，行政复议机关综合判定申请人违法行为轻微，可以从轻处罚，被申请人的处罚决定缺乏适当性。行政复议机关将罚款数额从8000元变更为3000元，避免再次启动行政处罚程序，提高了解决行政争议的质效。行政复议机关针对存在的普遍性问题，对执法行为进行规范，达到从个案纠错到类案整治的效果。比如，在案例五“何某不服交通警察大队行政处罚申请行政复议案”中，行政复议机关就交通违章处罚法律依据不正确的问题，向被申请人上级机关提出完善执法行为、规范执法文书的建议，从源头上防范了更多行政争议的发生。

第二，强化实质性化解行政争议，实现案结事了。行政复议机关把实质性化解行政争议作为办理行政复议案件的重要价值追求，通过自行纠错、调解、和解等机制的运用，实现行政争议案结事了。比如，在案例二“李某不服市人民政府信息公开答复申请行政复议案”中，行政复议机关指出执法中存在的问题，推动行政机关自行纠错，将有关政府信息向当事人公开，使争议得到有效化解。在案例六“杨某不服区社会保险基金管理中心未核准基本养老保险待遇申请行政复议案”中，面对行政复议被申请人不适格的情况，行政复议机关并未以不予受理方式简单结案，而是找准申请人的实质诉求，积极开展调解，协调各方力量解决实际问题，使申请人养老保险待遇依法得到核定。

第三，更加注重行政复议公正高效便民，践行复议为民宗旨。新修订行政复议法健全了行政复议审理程序，通过繁简分流、听证、听取意见等制度设计，为行政复议公正高效审理案件提供了保障，同时也使行政复议更加便民利民。比如，在案例三“某生物技术公司不服区生态环境局行政处罚申请行政复议案”中，行政复议机关积极开展听证，组织双方当事人对案件有关事实进行陈述、申辩、举证、质证，既全面查清了事实，又为双方对话协商搭建了很好的平台，案件最终实现和解。在案例五“何某不服交通警察大队行政处罚申请行政复议案”中，行政复议机关针对申请人对“故意污损号牌”的不理解，开展释法说理，并帮助其通过学习交通法规重新补回驾驶证被记的分数，确保其能够继续驾驶车辆，充分体现了复议为民原则。

第四，高质量办理新类型行政复议案件，充分释放制度效能。行政复议机关按照新修订行政复议法的规定，积极受理行政协议、行政赔偿、工伤认定等新类型行政复议案件，并不断提高案件办理能力和水平，努力实现行政复议案件量的合理增长和质的有效提升。比如，在案例四“某医院不服医疗保险事务管理中心解除行政协议申请行政复议案”中，行政复议机关从协议约定条款是否成立生效、解除行为是否满足协议约定的解除条件、约定解除权行使是否遵守程序规定、是否保障协议相对人的陈述申辩权利等方面，对行政机关单方解除医保服务协议行为，逐一进行审查并依法作出行政复议决定，其办案思路以及审查标准对同类案件办理具有积极借鉴意义。

司法部行政复议与应诉局负责人表示，这是新修订的行政复议法施行后司法部发布的第一批行政复议典型案例，之后将陆续发布不同行政管理领域、不同类型的典型案例，通过典型案例的示范作用促进行政复议人员提高办案能力和水平，有效发挥行政复议实质性化解行政争议、维护群众和企业合法权益、促进依法行政的重要作用。

案例一

某酒店不服市场监督管理局行政处罚申请行政复议案

【关键词】

行政复议变更　市场监管　轻微违法　不予行政处罚

【基本案情】

按照《中华人民共和国市场主体登记管理条例实施细则》要求，申请人某酒店应当于 2023 年 1 月 1 日至 6 月 30 日报送 2022 年度企业报告并向社会公示。由于申请人未在规定的时间内报送并公示 2022 年度报告，被申请人内蒙古自治区某市场监督管理局将其列入经营异常名录，并先后下达了询问通知书和行政处罚告知书，之后作出罚款 8000 元并责令改正的案涉行政处罚决定。申请人不服该决定，向市人民政府申请行政复议。

【复议办理】

行政复议机构审查认为，双方当事人的主要争议焦点在于案涉行为是否属于不予行政处罚情形以及处罚幅度是否适当。《内蒙古自治区市场监督管理轻微违法行为不予行政处罚清单（2022 版）》规定，违法行为轻微并及时改正、没有造成危害后果的，或初次违法且危害后果轻微并及时改正的，或当事人有证据足以证明没有主观过错的，不予行政处罚。此规定中的“及时改正”是指在市场监管部门发现违法行为线索之前主动改正，或发现违法行为线索之后、责令改正之前主动改正，或责令改正后按要求、按时限改正。国家企业信用信息公示系统和申请人《营业执照》均提示申请人应在法定期限内报送并公示年度报告，且报送时间长达六个月，而其在案涉行政处罚决定作出前始终未进行年度报告，具有主观过错且明显不符合上述“及时改正”的构成要件，不属于不予行政处罚的情形。

《中华人民共和国市场主体登记管理条例实施细则》规定，市场主体未按规定期限公示或者报送年度报告的，可以处 1 万元以下的罚款。《内蒙古自治区市场监督管理行政处罚裁量权基准》规定，对上述行为的处罚，“从轻情形可以处 0.3 万元以下罚款，从重情形可以处 0.7 万元以上 1 万元以下罚款，一般情形可以处 0.3 万元以上 0.7 万元以下罚款”。本案中，申请人系初次违法，违法行为单一，危害后果轻微，综合判定申请人违法行为轻微，可以从轻处罚。被申请人作出罚款 8000 元的处罚决定，违反了过罚相当原则，缺乏适当性。行政复议机关遂作出变更原行政行为的决定，将罚款数额变更为 3000 元。

【典型意义】

行政复议既要审查行政行为的合法性，也要审查行政行为的适当性。对于不适当的行政行为，行政复议机关可以直接作出变更决定，这是行政复议制度优势的重要体现。新修订的行政复议法将变更决定置于法条中决定类型的首位，规定三种情形下行政复议机关可决定变更行政行为，体现了变更决定在复议决定体系中的重要性，意味着行政复议机关在查清事实和证据前提下，应优先适用变更决定，以达到防止程序空转、实质性化解行政争议的目的。本案中，行政复议机关综合考虑申请人初次违法且危害结果轻微等因素，认定该违法行为符合该地区行政处罚裁量权基准规定的从轻情形，对案涉处罚决定的罚款数额依法作出变更决定，避免再次启动行政处罚程序，提高了解决行政争议的质效，有力维护了企业合法权益和市场公平秩序。

案例一专家点评

强化行政复议适当性审查，促进个案正义之实现

——某酒店不服市场监督管理局行政处罚申请行政复议案

曹　鎏[1]

作为行政系统内的层级监督制度，行政复议对行政行为的审查涉及合法性与适当性两个维度，这是基于自我监督的运行机理，行政复议具有实质性化解行政争议天然优势的具体呈现。为了激活这一优势，新修订的行政复议法从拓宽审查范围、加大审查强度、加重举证责任以及强化变更决定适用等多个环节强化了行政复议合理性审查功能，彰显了其与以合法性审查为原则的行政诉讼制度的差异化发展路径。本案对于行政处罚类行政争议案件的复议审理具有示范意义，主要体现在以下两个方面。

要善于在办案中运用基本原则并综合案情来认定行政行为内容是否适当。本案争议焦点在于案涉处罚决定是否符合不予行政处罚情形以及处罚幅度是否适当，本质上涉及新修订的行政复议法第六十三条第一款第一项的规定，即因行政行为内容不适当应作变更决定的理解与适用问

① 中国政法大学法治政府研究院副院长、教授，中国政法大学国家监察与反腐败研究中心主任。

题。理论上，行政行为内容是否适当主要关涉比例原则在复议审理中的理解和适用问题，体现为形式法治与实质法治理念在个案中的运用。所谓比例原则，强调行政机关采取的手段和措施与其达成的管理目标之间要成比例，具体案件中，是否违反比例原则就要审查所涉行政行为是否符合其适用依据的立法目的，行政行为是否超过必要限度或者无法达成行政管理目标以及行政行为是否对公民、法人、其他组织合法权益造成的损害程度最小等维度。本案中，复议机关在查清案件事实基础上，认定本案关键就是法律适用问题。行政复议机关在对处罚决定所依据的法律规范进行全面审查基础上，进一步认定本案不属于不予处罚情形，其症结在于处罚结果是否适当。结合本案，对市场主体未按规定期限公示或者报送年度报告的行政处罚，《内蒙古自治区市场监督管理行政处罚裁量权基准》中明确规定了从轻处罚、一般处罚和从重处罚情形，但对于幅度裁量的认定，则需要执法机关根据个案作出精准判断，进而涉及处罚裁量权是否依法规范行使问题。鉴于行政处罚是行政管理中常见的执法方式，通过裁量基准实现自我规制已经成为行政系统内规范行政处罚裁量空间的有益路径。实践中，各地区、各领域、各层级的行政处罚裁量基准又往往是以行政规范性文件形式发布的。本案复议机关就是对以裁量基准为适用依据的处罚决定的审查，即复议机关既要审查案涉处罚决定的合法性，又要审查适当性，其中合法性审查涉及事实认定和法律适用问题，如果法律适用涉及作为依据的处罚裁量基准的适用问题，则需要进一步审查裁量基准是否予以正确适用。本案复议机关先是审查并适用了行政处罚裁量基准，同时，又运用了行政处罚法总则中体现比例原则的过罚相当原则，在综合考虑申请人初次违法且危害后果轻微等因素基础上，判定该违法行为属于该地区行政处罚裁量权基准规定中的从轻处罚情形，进而认定被申请人在幅度裁量选择上处罚过重，构成处罚不适当。

要善于把变更决定作为适当性审查结果的首选决定。新修订的行政复议法将变更决定置于复议决定体系之首，旨在强化变更决定在整个复议决定体系中优先适用的地位，这就意味着只要满足变更决定适用条件，复议机关就应当直接作出变更决定，而不得以撤销并责令重作等决定种类替代变更决定。本案中，行政复议机关认为处罚过重，为避免程序空转、提高办案质效，复议机关直接作出变更决定，充分体现了复议机关依法担当作为，积极践行能动复议的理念要求，从一步到位实质性化解争议的目标出发，利用行政复议穿透式监督的优势，切实保护企业的合法权益，促进个案正义之实现，进而定分止争。需要注意的是，本案仅涉及新修订的行政复议法第六十三条有关变更决定适用的第一种情形。对于经审查存在事实清楚、证据确凿、程序合法，但是未正确适用依据的（新修订的行政复议法第六十三条第一款第二项规定），或者事实不清、证据不足，经行政复议机关查清事实和证据（新修订的行政复议法第六十三条第一款第三项规定），复议机关亦应作出变更决定。此外，为彰显行政复议的行政救济功能，行政复议机关作出变更决定还要遵守不利变更禁止原则，即行政复议机关不得作出对申请人更为不利的变更决定，但第三人提出相反请求的除外（新修订的行政复议法第六十三条第二款）。

案例二

李某不服市人民政府信息公开答复申请行政复议案

【关键词】

行政复议监督　政府信息公开　部分履责　行政机关自行纠错

【基本案情】

2023 年 11 月 24 日，申请人李某通过被申请人福建省某市人民政府官方网站提交政府信息公开申请，申请公开“某政文〔2014〕21 号城市总体规划（2010—2030）修编一份”。2023 年 12 月 20 日，被申请人作出政府信息公开答复，告知申请人《城市总体规划（2010—2030）修编》已经主动公开在市人民政府官网（附查询网址）。申请人对该政府信息公开答复不服，认为被申请人未公开其申请的某政文〔2014〕21 号文件，向省人民政府申请行政复议。

【复议办理】

行政复议机构审理查明，某政文〔2014〕21 号文件为《关于恳请批准实施〈城市总体规划（2010—2030）修编〉的请示》，该文件与《城市总体规划（2010—2030）修编》虽主题一致，但《城市总体规划（2010—2030）修编》仅系某政文〔2014〕21 号文件的一部分。被申请人将《城市总体规划（2010—2030）修编》向申请人公开，但对某政文〔2014〕21 号文件是否存在、能否公开以及如何公开等事宜没有作出答复，未尽到全面答复义务，属于部分履行法定职责。为实质化解行政争议，行政复议机构及时与被申请人进行了沟通，在确定该信息不属于《中华人民共和国政府信息公开条例》第十四条、第十五条规定的不予公开情形之后，促请被申请人主动将某政文〔2014〕21 号文件提供给申请人。申请人对此表示满意，遂在本案受理后第五个工作日自愿撤回了行政复议申请。

【典型意义】

督促行政机关自行纠错是新修订的行政复议法赋予行政复议机关监督依法行政和实质性化解行政争议的一项重要机制。行政复议机关在审理案件过程中，发现行政机关的执法行为存在问题，可以先与行政机关进行沟通，要求其在一定期限内自行纠错，进而促成争议化解。这种方式既督促行政机关改进执法，又达到了定分止争的目的。本案中，行政复议机构准确把握新修订行政复议法的立法精神，在查清被申请人未尽到政府信息公开义务的情况下，发挥行政复议层级监督优势，督促被申请人依法履职、自行纠错，向申请人公开了其申请的相关政府信息，取得了申请人的理解，使这起行政争议在案件受理后的第五个工作日即得到圆满化解，彰显了行政复议公正高效、便民为民的制度优势。

案例二专家点评

行政机关自行纠错机制推进行政争议实质性化解

——李某不服市人民政府信息公开答复申请行政复议案

李洪雷[1]

《法治政府建设实施纲要（2021—2025 年）》中强调“健全行政争议实质性化解机制”。李某不服某市人民政府信息公开答复申请行政复议案中，复议机关认为被申请人对某政文〔2014〕21 号文件是否存在、能否公开以及如何公开等事宜没有作出答复，未尽到全面答复义务，属于部分履行法定职责，而后敦促被申请人主动将某政文〔2014〕21 号文件提供给申请人。本案虽然法律关系简单，但彰显了行政机关自行纠错机制对于行政争议实质性化解的重要性，具有一定的指导意义和启发作用。

① 中国社会科学院大学法学院教授。

一、行政机关自行纠错机制的作用

对于行政机关在事实认定、法律适用和裁量权行使等方面存在的违法、不当行为及时进行纠正，是行政法治原则的基本要求。随着我国法治政府建设的持续推进，行政机关自行纠错机制的作用日益受到关注。

首先，行政机关自行纠错机制能够有效回应“行政争议实质性化解”的目标。行政机关的自行纠错立足于行政机关内部管理体系，效率高。本案中，行政复议机关在查清被申请人未尽到政府信息公开义务的情况下，发挥上级机关的监督作用，敦促被申请人依法进行信息公开，在本案受理后第五个工作日就解决了相关争议，彰显了行政复议中行政机关自行纠错机制的行政效能。

其次，行政机关自行纠错机制可以有效防止程序空转。目前，由于行政诉讼对于争议行政行为的司法审查范围有限，在公民实质利益诉求的实现上有一定的局限，有时可能出现诉讼程序终结但“案结事未了”，公民诉求难以实现，亟待纾困。通过被申请人自行纠错将行政争议化解在行政复议阶段，避免当事人提起一审、二审等，可以减少社会矛盾，有效节约行政资源和司法资源。

最后，行政机关自行纠错机制能够更好地保障公民合法权益。行政机关自行纠错要对行政行为进行全面审查，既包括合法性又包括合理性，并且行政机关直接面对行政争议，取证调查更为方便。如本案所示，可以更精准、灵活地解决行政争议，实质性化解申请人政府信息公开的纠纷，减少程序空转，节省公民的时间和金钱等成本，符合行政效能原则，高效便民。

二、行政机关自行纠错机制的法治面向

行政机关对自己的违法和不当行为进行纠正，是依法行政原则的内在要求。我国也有部分法律规定明确授予行政机关撤销权，例如行政处

罚法第四十八条第二款、行政许可法第六十九条等。在地方上，2021年，南通市出台《关于加强行政行为自我纠正的实施意见》，将行政行为的重大明显违法、当事人合法权益因行政行为受损未获补偿赔偿及合法的信访诉求未依法解决等多种情形纳入行政机关自我纠正程序，是行政机关自行纠错机制在地方治理中的创新尝试。实践中，（2018）最高法行申2218号钟某东诉广东省蕉岭县人民政府注销农村土地承包经营权证一案的行政裁定书有载，行政诉讼中，作为被告的行政机关，均有权自我纠正错误的被诉行政行为。

同时，应注意的是，行政机关在自行纠错的过程中也要遵循法律安定性和信赖保护原则的要求，在法律的安定性、行政相对人的信赖利益与行政机关自行纠错的变动性之间寻求和谐的平衡。

三、行政机关自行纠错在行政复议中的应用

一方面，《法治政府建设实施纲要（2021—2025年）》中强调“发挥行政复议化解行政争议主渠道作用”，行政机关自行纠错的应用场景是行政机关内部，制度目标上致力于行政争议实质性化解，在行政复议领域有广阔的适用空间。

另一方面，行政机关对自行纠错应当采取审慎的态度。要维护信赖保护原则和依法行政原则的平衡，避免不当损害行政行为的存续力和行政执法的严肃性；要遵守正当程序，运用回避、说明理由及信息公开等行政程序保障行政机关自行纠错的公平、公正、公开；要做好自行纠错机制与行政复议、行政诉讼和国家赔偿之间的衔接，如果在纠错过程中损害他人合法权益，符合补偿和赔偿标准的要积极保障公民合法权益。

案例三

某生物技术公司不服区生态环境局行政处罚申请行政复议案

【关键词】

行政复议听证　生态环境　行政处罚　和解

【基本案情】

2023年7月13日，被申请人上海市某区生态环境局在现场检查中发现，申请人某生物技术公司存在未按要求贮存危险废物、实验室项目配套环境保护设施未经验收即投入使用等违法行为。2023年7月27日，被申请人再次检查，发现申请人已将危险废物贮存在防爆柜中并粘贴危废标识，并与第三方签订了《环境影响评价技术服务合同》和《竣工环保验收技术服务合同》，但尚未完成配套环境保护设施竣工验收。2023年10月27日，被申请人对申请人作出罚款44万余元的行政处罚决定。申请人不服，认为其违法行为轻微并已及时改正，没有造成危害后果，应适用生态环境部颁发的《生态环境行政处罚办法》有关规定不予行政处罚，向区人民政府申请行政复议，请求撤销上述行政处罚决定。

【复议办理】

行政复议机构审查认为，本案涉及申请人多个实验项目，并存在多个违法行为，案情复杂，遂决定组织双方当事人进行听证。在听证会上，申请人与被申请人围绕事实认定、执法程序、裁量标准进行质证和辩论，被申请人向申请人解释了其虽已完成部分整改措施，但尚未完成配套环境保护设施竣工验收，仍有造成危害生态环境的风险，不符合《生态环境行政处罚办法》规定的“违法行为轻微并及时改正”而不予行政处罚的情形。申请人表示理解，但仍认为其实验项目产生的危废对生态环境影响较小，且未完成配套环境保护设施竣工验收是由于第三方排期问题导致，案涉处罚明显过重。在行政复议机构的协调下，被申请人同意在法定裁量基准范围内对轻微违法行为重新作出决定，申请人承诺在规定时间内完成配套环境保护设施竣工验收，最终双方达成和解并签署和解协议，申请人当场撤回了行政复议申请。

【典型意义】

听证与和解是新修订的行政复议法新增的两种程序机制。听证是行政复议机关审理重大、疑难、复杂行政复议案件的一项程序制度，既可以有效地保障当事人特别是申请人的程序权利，又有助于全面查明案件事实，促进矛盾纠纷的实质化解。和解则对减少当事人成本支出、提高行政复议效率、实现案结事了具有积极意义。本案中，行政复议机构将听证与和解两种新机制有机结合，通过举行听证，组织双方当事人对案件有关事实进行陈述、申辩、举证、质证，给予申请人当面表达自身利益诉求的机会，在了解到申请人配套环境保护设施虽未通过验收但已建成并正常运行，已实际减少了造成危害生态环境的风险的情况后，不失时机地对双方争议加以协调，推动双方对话协商，帮助寻求各方均能接受的解决方案，最终促使双方达成互谅互解，在有效化解行政争议的同时，也通过释法明理帮助申请人增强了合规经营意识。

案例三专家点评

高质效办好每一个行政复议案件的重要着力点

——某生物技术公司不服区生态环境局行政处罚申请行政复议案

曹 鎏[1]

充分发挥行政复议化解行政争议的主渠道作用，要求复议机关切实提高每一个行政复议案件的办理质效。行政复议质效，强调案件办理质量和审理效果的有机统一。其中，案件办理质量要求复议机关通过加强程序正义与实体正义，提高实质性化解行政争议的水平；案件审理效果要求复议机关在依法化解个案争议的基础上，有效发挥监督和保障行政机关依法行政、保护当事人合法权益的功能。为切实提升行政复议质效，新修订的行政复议法将听证和调解作为革新行政复议审理理念的两个重要举措，将其由《行政复议法实施条例》上升至更高位阶的法律层面进行规定。这体现出新修订的行政复议法强调在案件审理过程中要充分探寻当事人真实诉求、促进双方交流沟通、以柔性方式实质性化解行政争议的修法理念，以期有效避免矛盾争议久拖不决，切实提升行政复议高效灵活化解行政争议的能力。本案复议机关积极担当作为，通过听证程序精准发现案件争议焦点，进而通过促进双方当事人和解的方式，实现了最佳办案效果，行政争议得到实质性化解，其示范意义主要体现在以下两个方面。

要善于运用听证程序审理行政复议案件。新修订的行政复议法规定了“应当听证”和“可以听证”两种情形，为复议机关适用听证程序提供了制度供给，并明确了听证笔录是复议机关作出复议决定的重要依据

① 中国政法大学法治政府研究院副院长、教授，中国政法大学国家监察与反腐败研究中心主任。

效力。2024 年 4 月 3 日，司法部发布了《行政复议普通程序听证办法》，在新修订的行政复议法基础上对听证情形、程序等内容作了细化规定，这为复议案件审理以看得见的方式进行，进而提升复议案件审理的公正性和实效性夯实了制度保障。本案涉及生态环境领域危险废物储存等专业性、技术性较强领域，复议机关依法适用听证程序，双方当事人在听证过程中充分发表意见，使复议机关全面充分了解申请人的争议由来和实质诉求，准确把握案件争议的症结，为后续调解和解的顺利推进提供了程序依托。

要善于将调解和解作为化解行政争议的首要方式。新修订的行政复议法将调解作为总则中的一项原则性内容予以明确，实现调解对各类复议案件全覆盖，并强化行政复议调解书的执行力度，体现了“应调尽调”的修法理念。2024 年 4 月 3 日，司法部发布了《关于进一步加强行政复议调解工作推动行政争议实质性化解的指导意见》，专门对行政复议调解制度作出全链条的系统规定，全面要求各地建立健全行政复议调解工作机制、加强行政复议调解工作保障，切实发挥调解对于推动行政争议实质性化解的重要作用。本案申请人对行政处罚决定不服，在复议机关协调下，被申请人认识到原处罚过重并在法定裁量范围内重新作出处罚决定，最终双方达成和解并由申请人当场撤回复议申请。本案复议机关务实高效，积极引导和促进当事人在充分沟通的基础上进行和解，既促成被申请人及时自我纠错，又通过柔性方式实现了定分止争的解纷效果。

新修订的行政复议法对听证程序和调解制度的规定，体现出行政复议审理方式的重大变革。新修订的行政复议法对听证程序的强化，打破了长期以来以书面审查为主的审理原则，反映出通过充分听取当事人意见以提升审理程序公正性的修法理念。新修订的行政复议法全面加强对调解的适用，反映出立法机关将审理构造从以行政行为为中心转向以行政争议为中心的调整优化，并从提升办案质效角度要求复议机关以柔性方式积极引导和促进当事人双方达成合意进而终结审理程序的立法意旨。在贯彻落实新修订的行政复议法的过程中，各级各地复议机关可以根据新修订的行政复议法确立的新理念新要求因地制宜作出细化规则，以听证和调解作为高质效办好行政复议案件的重要着力点，以提高行政复议质效为指引，切实推动绝大多数行政争议能够在行政复议程序中终结，得到彻底、有效化解。

案例四

某医院不服医疗保险事务管理中心解除行政协议申请行政复议案

【关键词】

行政复议范围　医疗保险事务管理　骗取医保基金　行政协议

【基本案情】

申请人某医院作为协议乙方与甲方被申请人北京市某医疗保险事务管理中心签订《医疗保障定点医疗机构服务协议》（以下简称《医保服务协议》），约定由申请人提供医药服务，被申请人对其服务项目进行监督管理，协议有效期为2022年12月31日至2023年12月31日。之后，因申请人在提供医疗服务过程中虚构医药服务项目骗取医保基金被行政处罚，被申请人作出《关于对某医院违规行为处理决定的通报》（以下简称《通报》），决定自2023年12月29日解除与申请人签订的《医保服务协议》。申请人不服，向市人民政府申请行政复议，请求撤销该《通报》，并责令被申请人与其续签《医保服务协议》。

【复议办理】

行政复议机构审查认为，依照社会保险法的规定，被申请人具有订立本案《医保服务协议》的法定职责，申请人具有定点医疗机构资格；签订协议是为了保障广大参保人员享受基本医疗保障服务，促进社会保障及卫生事业的发展；主要内容是申请人提供医药服务，被申请人进行监督管理，符合行政法上权利义务的法律特征，因此，本案《医保服务协议》在合同订立主体、合同目的、合同内容等方面均符合行政协议特征，依法属于行政复议受案范围。出于实质性化解争议的考虑，行政复议机构首先组织申请人和被申请人进行了当面沟通，试图通过协商化解双方争议，但因双方意见分歧较大未能成功调解。行政复议机构对各项证据材料进行审查后认为，当事人双方在《医保服务协议》中约定，申请人经医疗保障部门和其他有关部门查实有欺诈骗保行为的，被申请人可以作出解除协议处理。本案中，经医疗保障部门查实申请人存在骗保行为，属于双方约定的解除协议情形，故被申请人通知申请人解除协议符合约定。同时，被申请人在解除协议之前告知申请人其解除协议决定的内容、申请行政复议和行政诉讼的权利，并按照相关规定向社会公布解除协议的结果，程序合法正当。综上所述，行政复议机关认定被申请人解除协议的行为符合协议约定，据此作出维持的行政复议决定。

【典型意义】

行政协议是行政机关为了实现行政管理或者公共服务目标，与公民、法人或者其他组织协商订立的具有行政法上权利义务内容的协议。作为现代行政管理活动的新方式，行政协议的运用对经济社会发展产生了重要影响。新修订的行政复议法首次将行政协议争议纳入行政复议受案范围，为保障行政协议当事人的合法权益提供了新的救济途径。本案中，申请人不服行政机关单方解除《医保服务协议》行为提出行政复议申请，行政复议机构依法受理后，对行政协议及解除协议行为进行了全面审查，包括协议约定条款是否成立生效、解除行为是否满足协议约定的解除条件、约定解除权的行使是否遵守程序规定、是否保障协议相对人的陈述申辩权利等问题，逐一进行释法明理并依法作出行政复议决定，既有效实现了定分止争，也有力维护了广大参保用户的合法权益，其办案思路以及审查标准，对行政协议类行政复议案件的办理具有积极借鉴意义。

案例四专家点评

行政复议中对行政协议的审查

——某医院不服医疗保险事务管理中心解除行政协议申请行政复议案

李洪雷[1]

新修订的行政复议法明确将行政协议纳入行政复议的受案范围。行政协议是一种新的行政活动方式，兼具行政行为的行政性与民事合同的协议性，在认定和审查上都较为复杂，本案具有一定的示范意义。

一、行政协议的识别

化解行政协议争议，首先要识别何谓行政协议。在普通法国家，对政府合同一般采取形式主义的界定方式，对涉及政府为一方当事人的契约统称为政府合同，但有时也要根据合同中的“公法因素”来确定是

① 中国社会科学院大学法学院教授。

否适用司法审查。在德国，根据契约标的理论，凡涉案个别契约的基础事实内容以及契约所追求的目的属行政法上的法律关系，即为行政契约。我国实务界主要从主体、内容、目的和意思表示四方面加以限定，《最高人民法院关于审理行政协议案件若干问题的规定》（以下简称《行政协议若干问题的规定》）第一条规定，行政协议是指“行政机关为了实现行政管理或公共服务目标，与公民、法人或者其他组织协商订立的具有行政法上权利义务内容的协议”。

本案中，申请人某医院作为协议乙方与甲方被申请人某市医疗保险事务管理中心签订《医疗保障定点医疗机构服务协议》（以下简称《医保服务协议》），约定由申请人提供医药服务，被申请人对其服务项目进行监督管理。协议的主体为某医院与某市某医疗保险事务管理中心，内容为约定由申请人提供医药服务，被申请人对其服务项目进行监督管理，目的为保障参保人员享受基本医疗保障服务，促进社会保障及卫生事业发展，意思表示为双方自愿协商确定，符合行政协议的构成要件。

二、行政协议的解除

新修订的行政复议法第十一条第十三项规定，公民、法人或者其他组织认为行政机关不依法订立、不依法履行、未按照约定履行或者违法变更、解除政府特许经营协议、土地房屋征收补偿协议等行政协议，可以依照本法申请行政复议。该规定将行政协议订立和履行的全过程均纳入了行政复议之中。本案争议的焦点为行政协议的解除问题。民事协议的解除情形规定于民法典第五百六十二条的约定解除和第五百六十三条的法定解除合同条款，行政协议的解除，可参考相关条款。

本案中，双方签订的《医保服务协议》第一百零七条约定，“甲方在协议期内发现乙方在当期或既往协议年度发生违规行为且性质恶劣，造成医疗保障基金重大损失或社会影响严重的，或乙方有下列违约情形之一的，甲方作出解除协议处理，对已支付的违约费用予以追回：……

3. 经医疗保障部门和其他有关部门查实有欺诈骗保行为的”，相关事实已经由医疗保障部门在向申请人作出的行政处罚决定书中认定，属于约定解除的情形。

三、对行政协议审查的内容

行政复议机关在对行政协议进行审查时，一要审查其合法性，对行政机关订立、履行、变更、解除行政协议等是否合法进行审查。例如，本案中，在合法性问题上，行政复议机关审查了所争议的程序问题：被申请人作出解除协议决定的时间在协议存续期限内，且在解除协议之前约谈申请人，告知其解除协议决定的内容和申请行政复议和行政诉讼的权利，申请人书面提交了陈述申辩的内容。按照《医疗保障基金使用监督管理条例》第四十三条的规定，被申请人作出《关于对某医院违规行为处理决定的通报》（以下简称《通报》）向社会公布解除协议的结果，被申请人解除《医保服务协议》的程序合法正当，被申请人是基于约定解除行政协议而非作出行政处罚，当事人要求适用《医疗保障行政处罚程序暂行规定》第三十七条规定的听证程序的主张没有法律依据。二要审查其合理性，敦促行政机关公正行使行政职权，保障行政协议的实质公平。三要审查其合约性。《行政协议若干问题的规定》第十一条第二款规定：“原告认为被告未依法或者未按照约定履行行政协议的，人民法院应当针对其诉讼请求，对被告是否具有相应义务或者履行相应义务等进行审查。”本案中，行政机关解除《医保服务协议》并非依据法律规定，而是依据双方合意的约定解除条款，行政复议机关对于行政协议的审查包括了合约性内容，具有一定的示范作用。

综上所述，本案对于行政协议的认定、效力、审查范围和审查方式均有所体现，在合法性、合理性、合约性方面兼顾了行政优益权和私主体的合法权益，同时保障了社会公共利益，体现了行政协议在公共管理和公共服务方面的独特制度价值，也体现了行政复议对于实质性化解行政争议的重要作用。

案例五

何某不服交通警察大队行政处罚申请行政复议案

【关键词】

行政复议简易程序　污损号牌行为　交通行政处罚　调解　建议规范执法行为

【基本案情】

2024年1月3日，被申请人天津市某交通警察大队在执勤期间，发现一辆车牌号为某C×的重型半挂牵引车，挂车号牌为某B×挂，挂车号牌污损，被申请人依法对车辆进行拦检后，认定申请人何某存在驾驶污损机动车号牌的机动车上道路行驶的行为，遂依据道路交通安全法和《机动车驾驶证申领和使用规定》，当场作出罚款200元、记9分的公安交通管理简易程序处罚决定书。次日，申请人认为其不存在故意污损号牌的事实，对处罚决定不服，向区人民政府申请行政复议。

【复议办理】

行政复议机构审查认为，被复议行政行为属于当场作出的行政处罚，决定采用简易程序审理。申请人作为车辆驾驶员，具有保持车辆号牌清晰、完整的义务，对自身老化、褪色的车牌没有做到及时更换，存在放任的心理态度，属于主观故意，存在过错，应当予以处罚。被申请人依据道路交通安全法对申请人罚款200元适用依据正确；被申请人根据《机动车驾驶证申领和使用规定》对申请人予以记9分的行政处罚，虽然内容适当，但存在法律依据不正确的问题，原因是该规定已于2022年4月1日废止，而对驾驶员违法行为记9分应当依据2022年4月1日起实施的《道路交通安全违法行为记分管理办法》的相关规定。对此，行政复议机构进一步调查了解到，交警当场作出的行政处罚决定书均使用上级机关预制好的格式文本，旧规定废止后上级机关未及时换用以新管理办法为依据的格式文本。

行政复议机构组织双方当事人进行了调解，首先向申请人解释了污损号牌行为“故意”的认定，帮助申请人认识到其行为的违法性，然后指导申请人通过学习交通法规，补回驾驶证被记的分数，确保其能够继续驾驶车辆。申请人对处理结果表示认可，撤回了行政复议申请，行政复议审理终止。之后，针对处罚依据不正确问题，行政复议机构向交警大队的上级机关提出建议，要求修改处罚决定书格式文本，该上级机关依建议及时予以修改。

【典型意义】

区分普通程序和简易程序审理行政复议案件，实行繁简分流，简案快办、繁案精办，是新修订的行政复议法完善行政复议审理程序的重要举措，有利于提高行政复议工作质效。按照规定，对于“被申请行政复议的行政行为是当场作出的”等四类行政复议案件，行政复议机关认为事实清楚、权利义务明确、争议不大的，可以适用简易程序进行审理。本案中，案涉行政行为是当场作出的行政处罚，且申请人对案件事实无异议，仅对其行为“故意”的认定存在认识上的偏差，争议不大，行政复议机关适用简易程序符合法律规定。行政复议机关组织双方当事人进行调解，并做好释法说理工作。本案从立案受理到最终解决矛盾，前后不到十天，充分体现了行政复议高效、便民的工作原则。行政复议机关针对具有普遍性的问题，向被申请人上级机关提出完善执法行为、规范执法文书的建议，起到了办理一案、规范一类行为的办案效果。

案例五专家点评

通过行政复议提升治理效能

——何某不服交通警察大队行政处罚申请行政复议案

王　旭[①]

通过行政复议活动实质性化解行政争议，不仅具有定分止争的效果，更能在个案判断基础上有效提升治理效能，本案即是一个典型。我们可以从多个层次来分析，透视该案的行政治理效果。

首先，从程序选择来看，本案行政复议机构适用新修订的行政复议法，通过简易程序开展复议工作，有助于快速解决纠纷，稳定行政法律关系，同时也节约行政复议成本。新修订的行政复议法对于“被申请行政复议的行政行为是当场作出的”规定适用简易程序，本案审理对象属于当场作出处罚决定的行政行为，行政复议机构适用法律准确。实质性化解行政争议既需要实体上解决问题，防止程序空转；也需要程序上繁简适当，尽量缩短申请人与被申请人在法律上争议的时间。

其次，从法律说理来看，本案行政复议机构准确解释了道路交通安全法规定的“故意污损号牌”的法律含义，从污损的实际存在状态及当事人是否客观作出相应消除污损、减少不能识别风险两个方面进行了说理，有助于帮助申请人清楚认识自身行为性质，为后续调解及申请人撤回复议申请打下了良好的心理认知基础，利于实质化解行政争议。尤其值得注意的是，与行政诉讼不同，行政复议本身也是行政机关的活

---

① 中国人民大学法学院副院长、教授。

动，客观上具有正确阐释行政管理秩序的内在要求，因此，通过解释相关法律概念，帮助申请人准确掌握行政法上的相关要求也是依法行政的体现。

再次，从行政复议机构有效指导申请人提高法律认知水平来看，本案充分体现了行政复议机构的积极作为，既有助于避免申请人再次出现违法行为，也确保了通过行政复议活动将行政处罚对申请人的不利影响控制在较低水平，体现了行政复议本身的温度和对比例原则的遵守，比仅对审理对象的合法性与合理性进行单方面审查，更有助于实现实质正义，体现法律效果与社会效果的统一。

最后，从行政复议机构主动发出建议书来看，本案充分体现了行政复议作为一种监督活动，是有效治理、预防法律风险的内在要素。本案行政复议机构及时指出被申请人由于法律文书替换不及时导致存在适用法律依据错误的瑕疵，一方面确保行政复议决定本身合法，另一方面杜绝了被申请人在未来继续面对的法律风险，达到“办理一案，治理一域”，“监督当前，着眼未来”的效果，最大限度杜绝了潜在的行政争议。

本案充分说明，要发挥行政复议作为行政争议解决主渠道的功能，就必须更加积极、能动地理解行政复议活动的性质，行政复议机构要通过程序的理性选择和透彻的法律说理，确保案件的法律效果，做到在法律上定分止争；同时，要准确把握行政复议活动的“行政性”，其必然具有的积极、能动特征，在引导行政复议申请人，提示被申请人方面，思考更加理性、全面、长远，从而以较小的行政成本确保最大程度化解行政争议，提升治理效能。

案例六

杨某不服区社会保险基金管理中心
未核准基本养老保险待遇申请行政复议案

【关键词】

行政复议被申请人不适格　养老保险待遇　行政瑕疵　实质性化解　督促纠正

【基本案情】

2023 年 11 月 13 日，申请人杨某所在单位某科技公司为其申请办理退休。北京市某区社会保险基金管理中心经审核认为，根据申请人的档案材料无法确定申请人的连续工龄，需要申请人单位补充提供材料，遂先后于 2024 年 1 月 23 日和 1 月 31 日通过“北京市智慧人社一体化平台”作出两份告知单，告知需提供申请人从前公司调转离开的原始材料以及 2002 年、2003 年申请人的工资发放材料。但两份告知单没有任何单位落款和签章，申请人误以为两份告知单系北京市政府作出，遂以北京市政府未核准其基本养老保险待遇，导致其无法正常退休为由，向国务院提交行政复议裁决申请。

【复议办理】

行政复议机构审理查明，案涉两份告知单系北京市某区社会保险基金管理中心向申请人单位作出的，北京市政府并非符合规定的被申请人，不符合行政复议法规定的行政复议申请受理条件。但某区社会保险基金管理中心发出的告知单没有单位落款和盖章，行政行为存在瑕疵。

经向某区社会保险基金管理中心进一步了解，申请人的档案缺少其从某公司调转离开的原始材料，包括行政工资介绍信、商调函、档案转移单等原始材料存根；另外，申请人的档案内记载其2002年、2003年在某公司的考核情况为待岗，待岗期间是否发放工资影响其连续工龄的认定，需要补充提交2002年、2003年某公司为申请人发放工资的材料。

为帮助解决申请人的基本养老保险待遇问题，行政复议机构协调当地司法局与申请人单位沟通联系，帮助申请人查找相关材料。2024年2月29日，申请人单位补充提供了所需材料，申请人符合办理退休的条件，某区社会保险基金管理中心为其核定了基本养老保险待遇，于3月15日开始为申请人发放养老金。4月7日，申请人自愿撤回了行政复议裁决申请。之后，针对本案存在的执法不规范问题，行政复议机构督促相关行政机关依法进行了纠正。

【典型意义】

新修订的行政复议法首次将化解行政争议列入立法目的条款，明确规定“发挥行政复议化解行政争议的主渠道作用”。落实好这一规定，要求行政复议机构在办案中积极回应申请人的实际利益诉求，帮助当事人解决实际困难和问题，切实维护人民群众合法权益，从源头上解决行政争议。本案中，行政复议机构认真贯彻落实新修订的行政复议法，践行复议为民宗旨，在查清北京市政府不是适格的被申请人情况下，并未以不予受理方式简单结案，而是深入调查了解情况，帮助申请人查找问题并尽力协助解决，最终推动行政争议得到实质性化解。同时，针对行政行为存在的问题，行政复议机构予以指出并促使行政机关自行纠正，也彰显了行政复议监督和促进依法行政的功能。

案例六专家点评

行政复议化解行政争议主渠道作用的三重面向

——杨某不服区社会保险基金管理中心未核准基本养老保险待遇申请行政复议案

王　旭[①]

新修订的行政复议法明确了“行政复议化解行政争议的主渠道作用”，然而，究竟如何准确理解和把握“主渠道作用”，还须进一步结合中国的国情和治理智慧，仔细观察实践，加以全面把握和归纳。本案就展现了行政复议作为行政争议化解主渠道的三重面向，深化了我们对这个问题的认识。

首先是作为审理活动的行政复议具有化解行政争议主渠道作用。有效化解行政争议，是行政复议和行政诉讼的共同目标，这首先体现在它们都具有的公正审理的职能，都是现代行政争议解决的重要审理活动。行政复议只有坚持公正的审理程序和审理标准，准确适用法律，才能保证行政争议在法律框架内有效解决。本案行政复议机构在审查申请条件的时候，经过认真核实事实及相关证据，准确查明被申请人存在不适格问题，在形式审查层面准确适用法律，这是确保争议有效化解的根本前提。如果被申请人不适格问题在本案中不能有效查明，必然导致最终复议决定错误，加重第三方履行法定职责的负担，也就必然无法解决争议，甚至引发新的争议。

其次是作为治理活动的行政复议具有化解行政争议主渠道作用。本案行政复议机构在查明申请人错告被申请人情况下，既没有机械作出不

① 中国人民大学法学院副院长、教授。

予受理的决定，也没有简单告知申请人变更被申请人后再展开实质审理，而是直接针对本案争议的核心，即申请人是否具备退休并领取相应补助的实质条件，通过主动靠前，协调相关基层单位调取相应证据，推动在证明申请人符合条件情况下为其办理相关手续，支持其申领相关费用，这就是将作为审理活动的行政复议推进到作为治理活动的行政复议，坚持以人民为中心，以化解争议为目的，积极履行行政复议机构作为行政机关的管理和服务职能，从而推动了行政争议的实质解决，做到了不但依法办事，而且依法办成事，实现法律效果与社会效果的高度统一。

最后是作为指导活动的行政复议具有化解行政争议主渠道作用。行政复议也体现为行政复议机构对下级行政机关在个案中的有效监督和指导，尤其是通过制发行政复议意见书或建议书的指导，预防相关风险，在源头意义上化解和防范相关争议的不断出现。本案中行政复议机构查明基层工作单位在向申请人出具相关告知文书时在形式上存在瑕疵，由此给申请人带来误解和困惑，失去了行政活动的权威性和规范性，并引发行政争议。行政复议机构主动对相关基层单位作出指导，指出其工作疏漏和瑕疵，实质上是点明了相关工作存在的风险点，通过这种层级指导，有效治理了风险和漏洞，从而为该领域潜在行政争议的化解和预防，提供了有力帮助。

人民法院实质化解行政争议典型案例（第二批）

（2024年10月30日最高人民法院发布）

目　录

一、方某等诉某市公安局交警支队不履行颁发摩托车牌照法定职责系列案

【基本案情】

1998年，某市人民政府颁布《某市摩托车道路交通管理办法》，明确该市内五区不予办理摩托车牌照。根据某市人民政府于2006年颁布

的《某市城市道路车辆管理办法》以及2018年颁布的《某市道路车辆管理办法》，该市对摩托车在三环内采取限行政策，但未就办理摩托车登记作出明确限制。某市公安局交警支队为控制城区内摩托车总量，限制三环内居民申请摩托车登记，导致该市三环内居民在购买摩托车后无法直接办理牌照，从而不断提起诉讼，请求判令行政机关依法履行颁发摩托车牌照职责。

【处理结果】

一审法院认为，某市公安局交警支队对三环内居民不开放摩托车注册登记业务，缺乏法律依据。同时，该院在办理案件时发现，近年来，当地因此类纠纷导致的行政诉讼案件数量增长迅猛，2021年为1700余件，2022年为3000余件，2023年第一季度已达1500余件。行政机关在当事人起诉后，对符合颁发牌照条件的，采取由当事人撤回起诉，再根据法院裁判文书办理摩托车登记的“诉讼前置”做法，导致大量同类型行政案件持续增长，不但给当事人造成诉累，而且浪费司法资源。针对上述系列案件的共性问题，某市两级法院多次与某市公安局交警支队、某市司法局召开专题研讨会，采取发送《行政争议先行处理告知书》、诉前与诉中协调等措施，积极推动从源头上减少不必要的行政争议。在此基础上，某省高级人民法院还就涉案问题向某省人民政府发送《司法建议书》，指出该系列案中反映出的有关行政机关化解行政争议意识不强、能力不足、害怕担责等问题，建议将行政机关自我纠错作为解决行政争议的第一道关口，将矛盾解决在诉前。收到司法建议后，某省人民政府高度重视并召开省政府常务会议暨党组会议专题研究讨论，部署改进举措，之后专门给某省高级人民法院复函反馈司法建议落实情况。在某省三级法院和相关政府部门合力推动下，某市公安局交警支队依法履行法定职责，开通12处摩托车注册登记便民服务点，对当事人提出的摩托车登记申请均依法予以审查。截至2023年6月1日，当地法院受理的该类案件已全部审结，其后无新增案件，有效避免了数以万计的行政纠纷进入司法程序，从源头上实质化解了此类行政争议。

【典型意义】

习近平总书记指出，我国国情决定了我们不能成为“诉讼大国”。人民法院必须树牢“抓前端、治未病”理念，把非诉讼纠纷解决机制挺在前面，做深做实行政争议源头预防，全力推动矛盾纠纷由碎片治理向集成治理，由被动治理向主动治理，由短期治理向长效治理转变，努力实现从源头上减少诉讼增量的目标。该系列案中，人民法院深入分析案件成因，找准问题症结所在，针对行政执法中存在的普遍性问题，与相关部门深入沟通，及时发出司法建议，促推矛盾纠纷源头预防、多元化解，将司法所追求的“公正”和“法治”理念植入社会治理过程中，取得了政府满意、群众高兴、行政诉讼案件量下降，进而厚植党的执政根基的良好效果。

二、徐某磊诉某市自然资源和规划局房屋所有权登记案

【基本案情】

“新某港”项目为某地区大型商贸综合体之一，已经售出的近千间商铺委托第三方公司运营，业主包括 10 个省（市）众多群体。2018 年下半年始，业主陆续向区、市、省信访局和中央有关部委等反映商铺虚拟分割、广告虚假宣传、未按约定兑付租金等问题。业主因第三方公司未按约支付租金，提起民事诉讼近百起。同时，因第三方公司无力支付生效民事判决确定的租金，多次引发群体性事件。2021 年始，徐某磊

等人分别以自然资源和规划、住房和城乡建设等部门为被告，就政府信息公开、行政许可、不动产登记等行政行为提起300余起行政诉讼。一审法院接到起诉状后，经与徐某磊沟通，选取其诉某市自然资源和规划局房屋所有权登记一案作为示范性诉讼进入程序。

【处理结果】

该案进入诉讼程序后，人民法院多次组织双方当事人调解，但因争议较大，双方未能达成一致意见。一、二审法院以徐某磊的起诉没有诉的利益为由，分别裁定驳回其起诉、上诉。此后，徐某磊申请再审。再审法院受理该案后，在与一、二审法院就案情进行充分沟通的基础上，与当地政法委及相关部门多次协调，共同商定调解方案，整体把握并积极回应当事人实质诉求，通过分析市场行情变化，打消业主过高预期，采取由当地政府按原购买价打折回购商铺，并附带解决因第三方公司无力支付租金而产生的民事争议的方式，最终促成“新某港”项目全部业主签订商铺回购等一揽子化解协议，当事人撤回所有在诉行政、民事案件的起诉。历时五年多的重大群体性纠纷得到圆满解决。

【典型意义】

行政示范性诉讼制度和行政一并解决民事争议机制具有高效解决实质争议的功能，既节约了有限的司法资源，又实现了争议的一次性解决。涉案“新某港”项目纠纷由来已久，引发多起民事、行政诉讼，引起多起群体性事件。为实现“三个效果”的有机统一，法院选取典型案件进行示范性诉讼，坚持系统处理、全面解决，防止就案办案，整体把握并积极回应当事人实质诉求；充分发挥公法诉讼特有功能，坚持“监督就是支持、支持就是监督”理念，在取得当地党委政府充分理解、支持的前提下，在实质化解行政争议的同时，一并化解作为行政争议产生根源的民事纠纷，实现了以最小的司法和社会成本，解决好群体性纠纷，有力服务保障了社会发展与和谐稳定，对类似争议处理具有很好的示范作用。

三、甲绣品厂诉某省经济和信息化厅不履行法定职责案

【基本案情】

甲绣品厂系某省原轻工业厅批准设立的集体所有制企业。后某省原轻工业厅撤销，其职能由某省经济和信息化厅继续行使。2023 年，甲绣品厂拟增加经营范围，遂根据《城镇集体所有制企业条例》第十五条“集体企业的合并、分立、停业、迁移或者主要登记事项的变更，必须符合国家的有关规定，由企业提出申请，报经原审批部门批准”的规定，向某省经济和信息化厅提出变更经营范围的申请。某省经济和信息化厅认为，甲绣品厂系改制企业，已于 2002 年与乙实业公司签订《企业兼并协议书》，由乙实业公司以现金并购的方式全资兼并甲绣品厂，改制方案经职工代表大会表决通过，并经某省原轻工业厅同意，现该厅无权对甲绣品厂经营范围变更作出审批，故未对前述申请作出处理。甲绣品厂遂于 2023 年提起诉讼，请求判令某省经济和信息化厅作出批准其增加租赁业务经营项目的行政行为。

【处理结果】

人民法院受理该案后认为，涉案批准行为应否作出，应当由主管部门而非法院根据企业的生产经营状况等因素进行判断。在此前提下，即便法院判令某省经济和信息化厅在一定期限内对甲绣品厂的申请作出处理，甲绣品厂对处理结果可能仍有异议，从而导致新的诉讼。为实质化

解行政争议，避免程序空转，人民法院对本案法律关系进行了穿透式审查：一是全面梳理甲绣品厂的改制过程；二是充分了解甲绣品厂目前的经营状况及变更经营范围的目的；三是对某省经济和信息化厅与某省原轻工业厅之间职能继受关系进行全面审查。在此基础上，人民法院认为，因涉案《企业兼并协议书》并未实际履行，且在乙实业公司于2022年被法院裁定宣告破产过程中，破产管理人向甲绣品厂发出解除兼并协议的通知，并将协议解除后该公司对甲绣品厂的债权出售给案外第三方公司，故某省经济和信息化厅如不批准甲绣品厂变更经营范围的申请，不利于该集体所有制企业的生存发展。为实质高效化解纠纷，法院在开庭前，委托从事行政争议化解的专业调解组织——某调解中心对该案进行调解，指导其组织各方当事人沟通协商，帮助各方当事人分析案件走向，最终在法院和调解组织共同释法明理的基础上，某省经济和信息化厅向甲绣品厂开具了同意其增加经营范围的证明，甲绣品厂在开庭前自愿申请撤回起诉。

【典型意义】

该案系某省首例人民法院和专业调解组织合力成功化解的行政案件，具有较强的典型意义。一是充分实现了行政诉讼实质化解争议的诉讼目的。办案人员没有就案办案，一判了之，而是从纠纷形成的历史原因、纠纷对当事人及案外人的影响、纠纷背后的法律关系等多方面考察，在查明事实、分清是非的基础上，帮助各方当事人寻求纠纷解决的最佳路径，最终实现纠纷一次性化解。二是充分运用了多元化纠纷解决手段。该案在开庭前由专业调解组织在法官指导下与各方当事人沟通协商，搭建了良好的沟通平台，既节约了司法资源，又能从不同角度听取当事人意见，最终在人民法院和专业调解组织的合力推动下，调解取得良好效果。

四、甲五金制品公司诉某市行政机关征收补偿系列案

【基本案情】

甲五金制品公司使用的乙经济联合社28.56亩集体土地被纳入某市“工改工”项目拆迁范围，双方因征收补偿问题多次协商未能达成一致，均向法院提起民事诉讼。甲五金制品公司同时分别就涉案地块的强拆行为、征地批复、征地补偿向省、市两级政府申请行政复议，又针对涉案地块的挂牌出让公告、征收补偿标准、信息公开、履行法定职责等分别提起多起行政诉讼。涉案地块征收补偿问题，短时间内先后引发行政复议及民事、行政诉讼案件达10宗之多，且企业与所在村社矛盾尖锐，影响了某市最大连片“工改工”项目土地整备工作的顺利推进。

【处理结果】

某市两级法院在审理甲五金制品公司相关行政案件初期，曾尝试做协调和解工作，但该公司拒绝接受调解方案。之后，某省人民政府行政复议办公室在审理行政复议案件过程中了解到关联案件情况和协调和解存在的障碍，函请某省高级人民法院启动省级联动协调机制，共同指导下级单位推动协调和解，力争促成民事、行政纠纷一揽子解决。在某省高级人民法院、某省人民政府行政复议办公室的指导下，某市两级法院与当地司法局等单位统一调解思路和调解方向，委托评估机构对涉案地块土地使用权、建筑物等进行评估，为各方达成和解做好基础工作；向属地镇政府提示行政案件诉讼风险，解释相关法律规定，建议在合法范围内提高部分补偿项目金额；同时，向甲五金制品公司出示类案司法裁

判，打消其不合理预期。2024 年，经法院与复议机关多次组织调解，甲五金制品公司最终同意由乙经济联合社向其支付 8327460.08 元补偿款及评估费用的和解方案，民事案件得以调解结案。以此为基础，甲五金制品公司自愿撤回全部复议申请和行政诉讼案件的起诉。至此，10 宗因土地征收补偿纠纷引发的行政复议、诉讼和民事案件得到整体性、实质性化解。

【典型意义】

该案是某省人民法院与行政复议机关合力推动纠纷实质化解的典型案例，体现了司法为民、高效解纷的司法理念。在案件处理过程中，人民法院与行政复议机关坚持系统、全面解决纠纷的理念，防止就案办案，实质把握当事人诉求，以行政诉讼案件和复议案件审理为主导，与当地基层政府、村委会等单位积极沟通联动，凝聚多方力量，通过整合调解资源，提高纠纷处理的效率和公正性，共同推动争议实质化解，实现了行政诉讼、民事诉讼、行政复议等多案纠纷的一揽子解决，切实维护了企业的合法权益，取得了案结事了的良好效果。

五、甲食品公司诉某市市场监督管理局、某市人民政府行政处罚及行政复议案

【基本案情】

某市市场监督管理局在对甲食品公司生产的山楂糕进行食品安全监督抽检时，发现该公司所生产的山楂糕中山梨酸及其钾盐（以山梨酸计）项目均超过 0.5g/kg。涉案食品数量 22 件，销售 15 件，召回 7 件，每件 24 盒，每盒零售价 8 元。甲食品公司对检验检测报告和安全抽样

检验结果未提出异议。某市市场监督管理局经立案调查后，作出行政处罚决定，认定甲食品公司生产的三个批次山楂糕为不合格产品，决定处罚：（1）没收违法所得360元；（2）罚款75000元。甲食品公司不服，申请行政复议，某市人民政府经审查后作出复议决定，对处罚决定予以维持。甲食品公司不服，提起行政诉讼。

【裁判结果】

一审法院认为，某市市场监督管理局对甲食品公司作出的行政处罚不符合过罚相当原则，据此判决将处罚决定中对甲食品公司的罚款由75000元变更为50000元，并撤销某市人民政府所作复议决定。二审法院认为，某市市场监督管理局认定甲食品公司生产的山楂糕为不合格产品并无不当，但甲食品公司对该行为不存在主观故意，涉案食品货值金额不足10000元，明显偏低，违法所得仅为360元，且现场检查过程中未发现该公司还有同类不达标产品，符合《行政处罚法》（2018年1月1日施行）第二十七条第一款第四项规定的其他应当依法从轻或者减轻行政处罚的情形。一审法院虽考虑相关因素降低了处罚金额，但未考虑该案具备减轻处罚的情形，对涉案行政处罚中没收违法所得的处理亦未回应，属于遗漏诉讼请求。二审法院遂判决撤销一审判决，变更罚款75000元为罚款20000元，同时驳回甲食品公司的其他诉讼请求。

【典型意义】

行政机关在执法过程中，既要保证行政管理目标的实现，又要兼顾保护行政相对人的合法权益。执法标准的统一并不意味着不考虑个案因素。本案中，一审法院虽考虑相关因素降低了处罚金额，但未考虑案件具备减轻处罚的情形；二审法院综合考量案情后，依法行使司法变更权作出变更判决，体现了过罚相当、精准裁判的原则。该案通过判前的沟通协调和判后的释法说理，获得了当事人各方对判决结果和人民法院工作的认可，涉案行政争议得到实质化解，实现了案结事了，最终取得“三个效果”的有机统一。

最高人民检察院、水利部联合发布水行政执法与检察公益诉讼协同服务保障国家水安全典型案例

（2024年8月19日）

目　　录

七、广西壮族自治区钟山县人民检察院督促整治违法堆放大宗固体废物妨碍河道行洪安全行政公益诉讼案

八、江西省宜丰县人民检察院督促整治矿区水土流失行政公益诉讼案

九、湖北省人民检察院汉江分院督促整治水土流失行政公益诉讼案

十、广东省肇庆市人民检察院支持肇庆市水利局起诉方某瑜等人河道非法采砂破坏生态环境案

一、四川检察机关督促保护世界灌溉工程遗产通济堰水环境行政公益诉讼案

【关键词】

行政公益诉讼　水环境治理　灌溉工程遗产　以事立案　一体化办案

【要旨】

针对违法主体较多、成因复杂、难以确定具体监督对象的跨市级区划的水污染问题，省级检察院可以基于公益损害事实以事立案，采取一体化办案模式，督促有关行政机关协同履职，修复受损公益。

【基本案情】

世界灌溉工程遗产通济堰辐射成都平原核心区52万亩，其干渠总长98.73公里，65条支渠总长363公里，跨成都、眉山2市4县区。通济堰（虞石桥电站段）位于四川省成都市新津区与眉山市彭山区交界处。自2008年以来，通济堰上游沿渠养殖污染、固废污染、农业面源

污染等问题致使该水域断面水质长期为Ⅳ类，有时为劣Ⅴ类，不符合《农田灌溉水质标准》（GB 5084—2021）。相关行政机关之间协作不畅、履职不全面，致使上述问题长达十五年未得到有效解决。

【调查和督促履职】

2023年7月28日，四川省都江堰水利发展中心将线索移送四川省人民检察院（以下简称四川省检察院）。四川省检察院经初查后认为，通济堰水体污染问题涉及成都、眉山两市不同行政机关，问题成因复杂、整改难度大。成都、眉山两市河长制办公室、环境保护委员会先后分别督办，未见成效。四川省检察院于2023年8月2日以事立案，抽调省、市、县（区）6个办案单位近20名干警组成专案组，统筹推进专案办理。

在水利部门技术人员支持下，专案组通过现场走访、询问相关人员以及无人机拍摄、快速检测等方式调查固定证据，先后勘查现场98次，查明通济堰（虞石桥电站）段以及干支渠水环境主要问题有：（1）养殖污染。通济堰上游的水产及畜禽养殖户的病死水产品及畜禽未经无害化处理直接入渠。（2）生活固废污染。通济堰干支渠沿岸生活固体废物未规范清理，堆至岸线或者直接入渠，且未及时打捞上岸转运处置。（3）农业面源污染。沿渠两岸均为农业种植区，种植中使用过化肥、农药的秸秆直接入渠，污染严重。（4）污水直排。与通济堰平交的清运河、秦家河、郑兴河等5条河流，流域内企业因污水处理设备不完善等，直排污水入河。上述问题导致通济堰水体污染严重，总磷、总氮、氨氮、化学需氧量等指标不符合《农田灌溉水质标准》（GB 5084—2021）。根据环境保护法、水污染防治法等规定，辖区内生态环境、农业农村及属地政府负有相应监督管理职责，但未依法全面履职，致上述问题长达十五年未得到有效解决。

四川省检察院统筹成都市新津区和眉山市彭山区、东坡区检察院办案力量，共立案办理行政公益诉讼8件，制发检察建议7件。在检察监督和水行政执法协同推动下，通济堰流域水环境突出问题得到有效解决。一是解决通济堰（虞石桥电站）段水污染问题。成都市新津区永商镇政府在通济堰（虞石桥电站）段上游1公里内设置拦截网和打捞点，打捞清理晾晒后的固体废物由相关单位及时清理转运。二是改善通济堰沿岸水环境。成都市新津区农业农村局、生态环境局、永商镇政府关停上游3家违法开设的水产养殖场和1家违法洗车场，新建垃圾转运站收集转运生活固废。三是强化上游养殖及农业面源污染监管。成都市新津区和眉山市东坡区、彭山区三地农业农村部门定期对辖区内畜禽、水产养殖开展全覆盖排查，规范病害畜禽水产规范化处置。四是解决污水直排问题。经眉山市东坡区属地政府督促整改，案涉企业于2024年3月下旬完成雨污分流整改，并修建收集池收集生活污水进行再利用。

通过专案办理，相关部门累计投入1500万元，修复破损污水管网30余公里，清理打捞渠面漂浮物1120余吨，对通济堰东干渠清淤102.9吨，设置微型水质监测站33个，建成化肥农药减量增效示范点35个。2023年10月至11月，省市区三级检察机关及同级水行政执法部门、河长制办公室6次现场回访，确认通济堰（虞石桥电站）段水环境已有效改善，断面水质Ⅲ类以上。

【典型意义】

通济堰是都江堰灌区的重要组成部分，承担着向天府粮仓核心区提供灌溉水源的重要职能。针对通济堰长达十五年的跨区域水体污染老大难问题，省级院以事立案，注重发挥一体化办案机制的积极作用，取得积极成效。与市、区两级检察机关共同调查取证，厘清不同层级、不同区域、不同部门的职责，加强与水行政执法部门的协作，形成水环境治理合力，共同推动通济堰全流域综合系统治理。

二、浙江省宁波市镇海区人民检察院督促整治建筑工地违法取水行政公益诉讼案

【关键词】

行政公益诉讼　检察建议　水资源保护　建筑工地　大数据法律监督模型

【要旨】

针对建筑工地违法取水行为隐蔽性强、查实难问题，检察机关可以采取大数据建模由点及面排查类案线索，以行政公益诉讼督促行政机关依法履职，规范建筑工地取用水行为。

【基本案情】

受流域水系自成体系、过境水量少、人口稠密等因素影响，浙江省宁波市镇海区人均水资源占有量仅为320立方米，不到全国平均水平的17%，属于水资源短缺地区。2022年2月至2024年3月间，镇海区内8个建筑工地未依法申领取水许可证，擅自从工地附近河道抽水用于建筑施工、工人生活用水等，未缴纳水资源费，且超用水定额管理要求，造成水资源浪费。

【调查和督促履职】

2023年2月，浙江省宁波市镇海区人民检察院（以下简称镇海区检察院）接到群众举报反映镇海某建筑工地存在非法取水问题。镇海区检察院经初步调查认为，该建筑工地违法取用水行为，造成水资源损失，致使社会公共利益受到侵害，于2023年2月22日以行政公益诉讼

立案。

经走访并查阅行政执法卷宗发现，河道附近建筑工地违法取用水问题长期普遍存在，且隐蔽性强、查实难。镇海区检察院构建运用临河建筑工地非法取用水大数据法律监督模型，比对调取的在建工程项目清单和申领取水证名录，筛查出未申领取水证在建工程项目，将河道水系图谱与在建工程项目坐标图层叠加，排查出存在非法取水隐患的在建工程项目52个。镇海区检察院对其中8个项目进行现场调查核实，发现均未经许可擅自安装抽水泵就近取用河道地表水，且存在未安装计量设施，未依法缴纳水资源费的违法行为，累计违法超额度取水量逾46万立方米。

根据水法、《取水许可和水资源费征收管理条例》等规定以及三定方案，镇海区农业农村局（以下简称区农业农村局）作为水行政主管部门，负有水资源保护监管职责。2023年3月30日，镇海区检察院向区农业农村局发出检察建议，督促其依法履行水资源利用和保护等监管职责，依法查处违法取用水行为。

收到检察建议后，区农业农村局积极落实整改责任、采取有效整改措施，于2023年5月29日作出书面回复，7个在建工程项目办理取水许可并安装计量设施，补缴水资源费4.5万余元，1个工程项目拆除取水设备。同时，区农业农村局联合镇海区住房和建设交通局（以下简称区建设交通局）、镇海区综合行政执法局开展专项排查整治，实地检查在建工程项目52个，包括前述7个工程项目在内的27个工程项目办理取水许可并全部安装计量设施，对违法情形严重的2个工程项目罚款4万元。

2024年5月23日，镇海区检察院邀请“益心为公”志愿者随机走访建筑工地，并调阅建筑工地日常检查台账，开展整改成效“回头看”，发现辖区临河建筑工地违法取水乱象得到有效遏制。截至2024年5月，全区取用水企业共计缴纳水资源费5141.55万元，创建节水型企业 38 家，重点用水行业节水型企业建成率 96.8%，居全市前列。

【典型意义】

河道地表水是水资源、水环境和水生态的重要载体，应当依法、合理、有序开发利用。检察机关充分发挥公益诉讼职能作用，通过“数字建模+专项监督”，从个案办理到类案监督，推动规范水资源监管保护工作流程，形成工作合力，解决建筑工地长期违法取用水发现难、查处难、常态化监管难等问题。

三、北京市海淀区人民检察院督促整治洗车服务行业违法用水行政公益诉讼案

【关键词】

行政公益诉讼　检察建议　水资源保护　洗车服务行业　大数据法律监督模型

【要旨】

洗车服务行业未按规定分类装表计量且未缴纳特殊用水行业水费，造成水资源浪费、减损国家税收的，检察机关可以行政公益诉讼立案，督促相关行政机关依法履职，规范取用水行为。

【基本案情】

洗车取用水属于特种行业取用水，按照相关规定，应从高定价并征收水资源税。北京市海淀区某汽车园区内，有 12 家汽车销售企业使用市政自来水提供洗车服务，未按规定对不同用途用水分类装表计量，也

未按照特殊用水行业水价缴费，造成水资源浪费、减损国家税收，损害了国家利益和社会公共利益。

【调查和督促履职】

2023年4月，北京市海淀区人民检察院（以下简称海淀区检察院）在开展洗车行业违法问题治理检察公益诉讼专项监督活动中，依托“检察+水务”协同工作机制，调取相关数据，运用大数据法律监督模型对相关数据信息进行比对碰撞，发现某汽车园区内提供洗车服务的企业可能存在未向水务部门备案循环用水设施的问题。在初步调查中，还发现部分企业存在违法用水问题。

2023年5月19日，海淀区检察院经研判分析，对以上问题线索以行政公益诉讼立案。通过现场走访查看、询问工作人员、调取水费缴纳记录、发票等方式，海淀区检察院查明园区内12家汽车销售企业使用市政自来水提供洗车服务，未按照规定对不同用途用水分类装表计量，也未按照特殊用水行业水价缴纳水费，而是以非居民用户水价由物业统一代收代缴。同时，部分企业还存在未按照规定完成循环水设施备案的情况。根据《北京市节水条例》《北京市节约用水办法》相关规定，水务部门对此具有监管职责。2023年6月12日，海淀区检察院向海淀区水务局制发检察建议，建议其依法全面履职，对提供洗车服务的企业存在的问题及时督促整改，同时加强日常监督管理，落实节水要求。

海淀区水务局收到检察建议后高度重视，组织水务综合执法队、节约用水事务管理中心联合开展执法检查，对存在违法问题的12家企业进行约谈，并下发限时整改通知书，纠正其违法行为。组织召开整改工作推进会，向相关企业解读《北京市节水条例》相关规定，两次赴园区进行指导督导。针对企业提出的洗车用水需求量大、中水管线尚未搭建、分散采购再生水运输成本高等现实困难，检察机关推动水务部门协调辖区内再生水厂与企业签订购买再生水合同，根据各企业用水量分别安装水箱后集中采购，降低企业经营成本。2023 年 8 月，涉案企业均已采用再生水提供洗车服务，完成循环用水设施备案并正常运行。

海淀区水务局以案促改，在全区开展洗车用水执法检查，共计立案查处 31 家洗车服务企业，同时，还对辖区内 5 家高尔夫球场的用水情况进行了专项执法检查。

【典型意义】

北京属于资源型极度缺水城市，水资源集约节约利用意义重大。检察机关以洗车服务行业违法用水为“小切口”，通过督促行政机关依法履职，纠正企业违法行为、提升企业节水意识，促进水资源保护。在依法监督的同时，检察机关坚持问题导向、疏堵结合，推动行政机关拓宽监管思路，促成企业集中购买再生水，降低经营成本，解决企业经营中遇到的现实困难，引导洗车行业规范经营，实现水资源保护的源头治理。

四、安徽省亳州市谯城区人民检察院督促整治河道内违法建设光伏电站行政公益诉讼案

【关键词】

行政公益诉讼　检察建议　行洪安全　光伏电站　乡村振兴

【要旨】

针对在河道范围内违法建设光伏电站，影响行洪安全问题，检察机关可以通过行政公益诉讼督促属地政府依法履职，推动项目实施整体迁移，保护河道安全，服务乡村振兴。

【基本案情】

涡河是淮河第二大支流，全长380公里，流域面积1.59万平方公里。2017年4月，安徽省亳州市谯城区十九里镇马寨村委会在涡河（马寨村段）南岸，建设了6座大小不等的光伏电站，占地面积39.59亩，年平均发电量136.2万度。上述光伏电站选址未经批准，侵占了涡河河道，影响行洪安全。

【调查和督促履职】

2022年7月，安徽省亳州市河长制办公室将亳州市谯城区十九里镇马寨村涡河河道管理范围内违法建设光伏电站的问题线索，移送至亳州市人民检察院（以下简称亳州市检察院）。亳州市检察院经初步调查认定，村集体组织在该段河道管理范围内未批先建6座光伏电站。按照管辖规定，亳州市检察院将线索交亳州市谯城区人民检察院（以下简称谯城区检察院）办理，并与亳州市水利局联合督办。

2022年8月10日，谯城区检察院以行政公益诉讼立案，通过调取书面材料、实地走访村干部、询问行政机关工作人员、现场勘查等方式开展调查。亳州市谯城区水利局多次责令村集体组织纠正违法行为。因光伏电站属于国家产业扶贫项目，不宜直接拆除，需要由属地镇政府妥善解决。2022年9月14日，根据防洪法第七条、第二十二条规定，谯城区检察院向十九里镇政府发出检察建议，督促其依法履行防洪义务，将妨碍河道行洪的光伏电站移出马寨村涡河河道管理范围。

收到检察建议后，十九里镇政府反映，因光伏电站的拆除和重建需要多部门协同配合和技术支持，存在一定困难。针对其反映的问题，亳州市检察院组织市水利局、市自然资源和规划局、市应急局、市乡村振兴局、电力公司等单位召开圆桌会议，研究解决新光伏电站选址、技术支持、原站坑穴回填和桩基清理等问题。通过部门协同联动，历经三十余天，6 座光伏电站整体迁至附近的陈小庙村，消除了河道洪涝安全隐患。同年 10 月 20 日，十九里镇政府将整改情况书面回复谯城区检察院。

2022 年 10 月 25 日，谯城区检察院邀请人大代表、政协委员、“益心为公”志愿者等跟进监督整改情况。涉案光伏电站及附属设施已被全部清理完毕。新光伏电站已正常运行，占地面积约 28.85 亩，年平均发电量 146.6 万度，可带动村集体收益达 58 万余元。以办理此案为契机，谯城区检察院与区水利局联合开展为期三个月的河道非法建设专项整治行动，推动拆除河道内违法建筑物、构筑物 6 处，清理河道内垃圾、渣土 30 余吨，退还河坡非法种植面积达 230 余亩。

【典型意义】

针对在河道管理范围内未批先建光伏电站，妨碍行洪安全问题，检察机关在全面调查取证基础上，通过行政公益诉讼督促属地政府积极整改，有效保护河道行洪安全。同时，针对属地政府反映整改中遇到的难题，加强与水利部门协作配合，通过召开圆桌会议，推动部门联动、合力履职，避免“一拆了之”，采取异地整体搬迁光伏电站的方式，既解决公益受损问题，又维护脱贫攻坚成果。办案过程中，检察机关注重将个案办理与区域治理有机结合，实现公益保护与经济发展双赢，共同护航乡村振兴，守护人民群众美好生活。

五、贵州省松桃苗族自治县人民检察院督促整治违法建设侵占河道行政公益诉讼案

【关键词】

行政公益诉讼　提起诉讼　行洪安全　游乐设施　跟进监督

【要旨】

针对违法建设侵占河道影响行洪安全、污染流域环境等问题，行政机关经检察建议督促后，仍未有效整改的，检察机关应当依法提起行政公益诉讼。裁判生效后，检察机关应当持续跟进监督，确保整改到位。

【基本案情】

松江河是贵州省松桃苗族自治县的母亲河，在流经县城主城区世昌广场外侧区域时，形成河道滩地。2009 年以来，该河道滩地陆续被违法占用。相关经营者通过平整、硬化、抬高河床等方式，修建海盗船、过山车、旋转木马、游泳池、碰碰车等大型游乐设施，违规接通电源后对外经营。部分经营者还在河道中修建钢架板房就地生活起居，生产生活垃圾、污水直排，污染松江河。截至 2021 年 4 月，违建游乐设施经营者已超过 60 家，违建游乐设施 63 座、违建钢架板房 5 座，侵占河道面积达 11980. 6 平方米。其间，曾发生一起漏电致人死亡的安全事故，存在严重安全隐患。

【调查和督促履职】

2021 年 4 月初，贵州省松桃苗族自治县人民检察院（以下简称松

桃县检察院）接到群众举报，称松江河河道被违法占用。经初步调查后，松桃县检察院于 2021 年 4 月 22 日以行政公益诉讼立案。通过现场勘查、无人机航拍取证、查阅书证、询问相关人员等方式查明松江河河道被违法占用的事实。松桃县检察院认为，该案涉及侵占河道、违法建设、违法排污、安全生产隐患等多种违法情形，致使行洪安全、流域生态环境、生产生活安全等多种公益受损，主要原因是相关经营者在河道内违法建设游乐设施等构筑物。通过监督水行政主管部门依法履职，拆除侵占河道违建设施，可以从源头上一并解决多种公益受损问题。

因行政机关职责交叉，对履职存在认识分歧，松桃县检察院于 2021 年 5 月 8 日邀请部分人大代表、政协委员、相关专家和群众代表作为听证员，围绕整治违建侵占河道相关问题召开听证会。经听证，一致认为应由水务部门依法履行查处职责。松桃县检察院根据水法、《贵州省河道条例》等相关规定，依法向松桃县水务局发出检察建议，建议该局依法查处违法建设侵占河道的行为。

2021 年 7 月 2 日，松桃县水务局向检察机关反映因案涉 60 家经营者、68 座构筑物，在法定期限内不能全部整改到位，已制定整改方案，将于同年 11 月底之前完成整改工作。松桃县检察院根据《人民检察院公益诉讼办案规则》第七十八条的规定，依法中止审查。其间，松桃县检察院持续跟进监督，发现松桃县水务局未按照整改方案开展工作，违法占用河道面积新增 1000 平方米，公共利益持续受到侵害，遂于 2021 年 11 月 24 日恢复审查。

【诉讼过程】

2021 年 12 月 20 日，根据贵州省人民检察院指定管辖，松桃县检察院向环境资源案件集中管辖的贵州省江口县人民法院（以下简称江口县法院）提起行政公益诉讼，诉请判令松桃县水务局依法查处违建游乐设施侵占松江河河道的违法行为。

2022年5月23日，江口县法院公开开庭审理本案。2022年7月7日，法院作出一审判决，认为松桃县水务局作为县水行政主管部门，应依法履行违法占用河道违建监管职责，判决支持检察机关诉讼请求。松桃县水务局不服一审判决，上诉至贵州省铜仁市中级人民法院。二审法院判决驳回松桃县水务局上诉请求，维持原判。

裁判生效后，松桃县检察院持续跟进了解执行情况，发现松桃县水务局未履职整改，依法向其释明判决生效后仍不整改的法律后果，促成松桃县水务局向松桃县政府作专题汇报。松桃县政府组织县水务局、县应急管理局、县生态环境分局、街道办事处等部门研究制定了专项整治方案和河道修复方案，由松桃县水务局牵头相关部门组织实施。截至2023年11月底，违建的游乐设施等构筑物已被全部拆除清理，共修复河道12980.6平方米。2024年1月26日，经松桃县检察院邀请专家现场评估、验收整改情况，确认侵占松江河河道违建游乐设施的问题已全部整改到位。

【典型意义】

河道系统治理事关行洪安全和水生态环境。检察机关针对违建侵占河道，存在影响行洪安全、污染流域环境等多种公益受损问题，在向负有监管职责的行政机关制发检察建议督促整改未果后，依法提起行政公益诉讼，以“诉”的形式体现司法价值引领。判决生效后，检察机关持续跟进监督问题整改，推动行政机关制定整改方案协同治理，切实消除行洪安全隐患、修复河道生态环境。

六、山东省高密市人民检察院督促整治违法建设滚水坝妨碍河道行洪安全行政公益诉讼案

【关键词】

行政公益诉讼　提起诉讼　行洪安全　综合行政执法体制改革　源头治理

【要旨】

针对违法主体未经审批在河道内建设拦水建筑物，妨碍行洪安全问题，经检察建议督促后，行政机关仍未依法全面履职的，检察机关应当依法提起行政公益诉讼。

【基本案情】

高密五龙河系山东高密境内主要河流之一，径流量大，丰水期防洪形势严峻。2022 年，高密市柴沟镇郝家村村民委员会未经审批，在五龙河郝家村段非法设置滚水坝。坝长约 50 米，坝前蓄水深度 2.5 米，坝后距离桥不足 5 米，不符合相关设计标准。滚水坝抬高了该处河道行洪底面标高，容易造成上游壅水，影响行洪安全。滚水坝紧靠桥体，掏空桥梁基础底面，有造成垮塌桥梁风险，危及交通安全。水行政主管部门未依法拆除滚水坝，公共利益持续受到侵害。

【调查和督促履职】

2023 年 4 月，山东省高密市人民检察院（以下简称高密市检察院）在开展整治行洪安全公益诉讼监督专项行动中发现本案线索，经初步调

查核实后，于2023年5月22日以行政公益诉讼立案。高密市检察院经实地走访群众和施工建设主体，调取滚水坝建设原始记录材料，查明涉案滚水坝建成时间、规模及违法建设等事实。相关水利专家受高密市检察院委托，出具评估意见认为，滚水坝不符合设计标准，严重影响行洪安全，应在丰水期来临前进行紧急处置。

2023年6月22日，高密市检察院组织公开听证，邀请水利局、综合行政执法局参加，围绕责任主体、履职方式、法律依据等进行论证。根据水法，水利局作为高密市水行政主管部门，对辖区内行洪安全负有法定监管职责。水行政执法包括行政处罚、行政强制、行政检查、行政许可等工作，综合行政执法体制改革仅将行政处罚权交由综合行政执法部门相对集中实施，水行政主管部门仍要依法履行日常监管职责。另外，参照高密市政府部门权责清单，强制清除阻碍行洪的障碍物等行政强制执行权应由水利局行使。

2023年6月20日，高密市检察院向水利局发出检察建议，建议其履行监督管理职责，依法查处相关违法行为，拆除涉案滚水坝，消除安全隐患。鉴于涉案河流已进入汛期，河道防洪工作存在紧迫性，建议水利局于十五日内组织拆除该滚水坝。水利局收到检察建议后，回复称由涉案滚水坝所在地镇政府进行拆除。2023年7月5日，高密市检察院对整改情况进行核实，发现水利局未实际开展工作，在河道进入丰水期、防汛任务加重情况下，涉案滚水坝仍未拆除，行洪危险持续存在。

【诉讼过程】

2023年8月10日，高密市检察院向高密市人民法院提起行政公益诉讼，请求判令水利局依法履行监管职责，依法查处涉案河道内违法建设滚水坝的行为。

在诉讼过程中，水利局成立工作领导小组，组织水利专家进行实地查看，制定拆除施工方案，启动强制拆除程序，并于同年9月3日将涉案滚水坝全部拆除，消除了河道行洪安全隐患。2023年9月22日，高密市人民法院作出判决，认为涉案滚水坝已拆除，公共利益已得到有效保护，确认水利局未完全履行防洪监管职责行为违法。

判决生效后，高密市检察院邀请市机构编制委员会、水利局、综合行政执法局等部门参加圆桌会议，推动水利局和综合行政执法局细化水事违法案件移送接收、处罚立案、协调监督工作机制，实现案件移送标准化。水利局整合行政执法骨干力量，成立依法治水行政办公室，组建水行政执法队伍，在全市开展水行政执法专项整治活动，有效维护全市水事秩序，切实保障流域河湖安全。

【典型意义】

高密五龙河汛期雨量集中，上游多水库，沿岸地貌复杂，抵御洪水能力不足。本案中，检察机关针对在河道内私设建筑物问题，通过提起行政公益诉讼，督促行政机关依法履职，采取有效措施及时修复受损公益，确保河道行洪安全。此外，检察机关通过圆桌会议等方式，厘清综合行政执法体制改革后涉水行政监管部门职责分工，消除监管盲区，构建涉水公益保护长效机制，促进社会治理水平和效能提升。

七、广西壮族自治区钟山县人民检察院督促整治违法堆放大宗固体废物妨碍河道行洪安全行政公益诉讼案

【关键词】

行政公益诉讼　检察建议　行洪安全　“河长+检察长”协作机制　综合治理

【要旨】

针对在河道管理范围内违法堆放大宗固体废物问题，检察机关可以通过行政公益诉讼督促相关行政机关依法履行监督管理职责。问题整改难度大、涉及多个部门职责时，检察机关可以推动属地政府统筹相关职能部门协同整改，消除问题隐患，保障河道行洪安全。

【基本案情】

思勤江是珠江流域西江水系桂江的重要支流之一。从 2014 年开始，广西壮族自治区钟山县某建材公司在未经水行政部门审批情况下，擅自在钟山县思勤江十二车河道管理范围内堆放大理石矿渣、泥土等大量固体废物，总量为 37 万立方米、100 万余吨，占地面积 50 余亩。对此，钟山县水利局（以下简称县水利局）曾于 2014 年、2018 年分别向涉案企业下达责令停止水事违法行为和责令限期改正水事违法行为通知书，但涉案企业因资金链断裂等原因未能有效落实整改。

【调查和督促履职】

2023 年 7 月，广西壮族自治区河长制办公室依托水行政执法与检察公益诉讼协作机制，将案件线索移送至钟山县人民检察院（以下简称钟山县检察院）。2023 年 7 月 21 日，钟山县检察院经初步调查后立案，经现场勘查、调取行政执法材料、询问涉案公司负责人等方式，查明钟山县某建材公司违反水法、《河道管理条例》等有关规定，将大宗固体废物堆放在思勤江河道管理范围内，妨碍河道行洪安全、危害河流生态环境。同时查明，根据 2019 年 3 月机构改革方案，县水利局已将水务行政执法职责划转给钟山县城市管理执法局（以下简称县城管局），但仍负责指导监督全县水行政执法工作、组织指导较大涉水违法案件查处工作。针对案涉违法行为，县水利局在机构改革之前曾下达停止和限期改正违法行为通知书，但在机构改革后未将违法线索和材料移送至县城管局立案查处，也未及时指导监督涉水违法案件查处工作。

2023年7月25日，钟山县检察院向县水利局发出检察建议，建议其依法全面履行河道监管职责，切实保障河道行洪安全。收到检察建议后，县水利局向钟山县检察院反馈案涉违法行为持续时间长、堆放固体废物数量大，涉案企业无力整改，且涉及多个行政部门职能交叉等问题，希望检察机关推动其他部门协同履职，共同开展整治工作。钟山县检察院积极发挥“河长+检察长”协作机制作用，会同水利、自然资源、城市管理等部门召开圆桌会议，研究整改治理难点及对策。会议达成共识，县水利局将涉案企业违法问题线索和相关材料移交至县城管局立案查处，全程负责指导监督工作，并向钟山县人民政府书面报告工作，争取支持。

经县水利局报告，钟山县人民政府制定专门整治方案，统筹推进思勤江河道范围内固体废物处置工作，要求县水利局和县城管局协同配合，对涉案企业违法行为进行执法检查。县水利局委托第三方公司对堆放现场进行测绘，确定违法占用河道范围、违法堆放固废数量，将案件有关情况移送至县城管局。2023年9月29日，县城管局针对涉案企业违法行为，依法责令其限期排除妨碍，清运所堆放的固体废物，并处行政罚款4.8万元。期满后，涉案企业未完成整改。县城管局报请钟山县人民政府同意，决定依法实施代履行程序，并委托第三方开展清运处置工作。

2023年12月20日，经多方努力，涉案河道范围内堆放的固体废物全部被清运至专门堆放点，消除了河道行洪安全隐患。同时，县水利局争取了277万元专项资金用于思勤江十二车河道的水美乡村项目建设，进一步综合治理涉案河道生态环境，将其打造成“水、滩、路、堤、景”融合的美丽河道。

【典型意义】

在河道管理范围内堆放固体废物，是河湖“四乱”常见问题。检察机关针对大宗固体废物长期被堆放在河道管理范围内危害行洪安全问题，发挥行政公益诉讼监督协同作用，督促相关行政机关依法履职的同时，通过圆桌会议解决行政职能交叉等问题，推动多部门协同配合开展整改工作。同时，依托“河长+检察长”协作机制，争取地方政府支持，高效推进相关工作，及时组织第三方清运固体废物，切实消除河道行洪安全隐患，并进一步做好河道生态环境综合治理。

八、江西省宜丰县人民检察院督促整治矿区水土流失行政公益诉讼案

【关键词】

行政公益诉讼　检察建议　水土流失防治　协同履职　源头治理

【要旨】

针对矿区工程建设项目水土保持监管不到位问题，检察机关可以通过行政公益诉讼督促具有监管职责的行政机关依法履职，开展水土流失治理工作，修复受损公益。

【基本案情】

2022年4月20日，江西宜春某矿业有限公司（以下简称矿业公司）竞得位于宜丰县花桥乡含锂陶瓷土探矿权。2022年5月开始，矿业公司在没有编制水土保持方案、未采取水土保持措施的情况下，修建

一条长约 11.9 公里的进矿道路，开挖植被面积达 400 余亩。因植被皆伐、山体坡度大，叠加汛期影响，造成严重水土流失，致使下游河水受到污染，100 余亩高标准农田耕作层及 20 余处排灌设施受损。

【调查和督促履职】

2022 年 6 月，宜春市人民检察院依托“河（湖）长+警长+检察长”机制，发现本案线索，决定交由宜丰县人民检察院（以下简称宜丰县检察院）办理。宜丰县检察院经初步调查，于 2022 年 7 月 5 日以行政公益诉讼立案。通过现场勘查、无人机航拍、询问村组人员、委托第三方检测等方式，查明矿业公司在进矿道路施工过程中取得林业部门核发的林木采伐证，皆伐林木 266 立方米，开挖植被面积达 400 余亩。但是，该项目未制定水土保持方案，也未采取有效水土保持措施，导致汛期出现严重水土流失，造成矿区下游村庄河道水质浑浊、泥沙淤积、高标准农田毁损。经委托检测，水土流失造成河道水质中铁和氨氮分别超标 25 倍、5 倍。

根据水土保持法第五条、第二十二条、第五十二条的规定，林业主管部门和水行政主管部门负责监督林区采伐林木水土保持措施的实施情况。对在林区采伐林木不依法采取防止水土流失措施的，由两部门责令限期改正，采取补救措施。2022 年 7 月 27 日，宜丰县检察院分别向宜丰县林业局、水利局发送检察建议。建议林业局加强林区采伐管理，协同水利部门监督实施好水土保持措施；建议水利局督促案涉矿山企业及时编制、报批水土保持方案，与林业部门共同监督落实水土保持措施。

收到检察建议后，宜丰县林业局和水利局积极履职，协同抓好整改。宜丰县林业局认真落实监管职责，协同督促矿业公司做好水土保持治理工作。同时，下发工作文件，明确要求全县各林业工作站将林地皆伐作业设计书及时通报水利部门，并就水土保持措施与水利部门形成共同监督机制，实现长效常治。宜丰县水利局依法作出责令整改通知书，督促矿业公司缴纳水土保持补偿费 31. 4 万元，采取临时苫盖、设置排水沟及沉砂池等补救措施及时减少水土流失，并要求完善水土保持方案审批手续，按照方案开展实施。

矿业公司累计投入 5500 余万元用于水土保持设施建设、水土流失监测等项目，并于 2022 年 12 月 13 日通过验收。针对该项目水土流失造成的生态环境损害等问题，宜丰县检察院与县水利局共同到矿业公司开展释法说理，推动企业主动承担生态修复责任，投入近 126 万元用于河道清淤、河堤沿岸加固工程及高标准农田设施修复。2023 年 6 月，上述生态修复工作全部完成。

宜丰县检察院办理该案后，在全县开展矿山企业水土保持专项监督，通过构建锂电新能源产业生态环保法律监督模型，办理水土保持相关案件 5 件，督促 13 家矿山企业补缴水土保持补偿费 200 余万元。同时，针对工程建设项目水土保持监管漏洞，形成专题调研报告呈报县委县政府，推动出台规范性文件，促进了矿区水土流失问题得到源头治理。

【典型意义】

水土保持是江河保护治理的根本措施，是生态文明建设的必然要求。检察机关利用“河（湖）长+警长+检察长”机制发现案件线索，在办案中加强与水行政主管部门的沟通协作，推动完善部门间信息共享机制，督促生产建设单位切实履行水土流失防治责任和生态修复责任。针对办案中发现的问题，以数字检察赋能，积极开展类案监督助推综合治理，结合办案形成调研报告呈报地方党委政府，为党委政府建言献策，促进系统治理。

九、湖北省人民检察院汉江分院督促整治水土流失行政公益诉讼案

【关键词】

行政公益诉讼　检察建议　水土流失防治　类案监督　系统治理

【要旨】

因行政机关履行监督管理职责不到位，致使生产建设项目未依法编制水土保持方案、未缴纳水土保持补偿费等违法行为对公益造成损害的，检察机关可以进行行政公益诉讼立案。行政机关对同一性质的多个违法行为未依法履行监管职责的，检察机关可以作为一个案件办理。

【基本案情】

湖北省仙桃市地处江汉平原，常年雨水充沛，年均降雨达1100毫米以上，境内河网密布，经《湖北省水土保持规划（2016—2030年）的批复》认定，仙桃市全境属于水土流失易发区。2019年至2022年，仙桃市312家生产建设单位未严格依法履行水土流失防治义务。存在未依法编制水土保持方案、未依法缴纳水土保持补偿费、未严格落实防治水土流失措施等违法行为，严重影响水土流失防治，降低了生态系统水土保持功能，损害了国家利益和社会公共利益。

【调查和督促履职】

湖北省人民检察院汉江分院（以下简称汉江分院）依托“河湖长+检察长”机制发现本案线索，经初查，于2023年7月18日以行政公益

诉讼立案。经调查查明，2019年至2022年，仙桃市309家生产建设单位未依法缴纳水土保持补偿费达1400余万元。其中，编制水土保持方案但未缴纳水土保持补偿费企业50家；既未编制水土保持方案又未缴纳水土保持补偿费企业259家（其中，93家企业因建设项目低于0.5公顷无须编制水土保持方案）。另外，经实地调查，还发现3家企业开工建设中存在未采取剥离表土，未建设挡土墙、临时排水沟、沉沙池，未及时对裸露泥土上盖等落实防治水土流失措施不到位问题。因各行政机关执法信息共享不畅，相关部门未及时移送费源信息，致使税务部门未及时征缴水土保持补偿费。根据水土保持法、《水土保持补偿费征收使用管理办法》等相关规定，仙桃市水利和湖泊局对辖区内水土保持违法行为负有监管职责。

2023年7月26日，汉江分院向仙桃市水利和湖泊局发出检察建议，督促其依法全面履职，严格监管境内开工建设项目水土保持方案编制、水土保持措施的落实，并及时向税务部门移送水土保持补偿费费源信息；对税务部门经催缴未征收到位的，应当依照水土保持法第五十七条的规定对违法行为人作出行政处罚。

2023年9月20日，仙桃市水利和湖泊局书面回复称：已责令并督促3家未采取防治水土流失措施的企业整改到位。已责令166家企业依法编制水土保持方案，待方案审批后补缴水土保持补偿费。对无须编制水土保持方案和已编制水土保持方案但未缴纳水土保持补偿费的143家企业进行普法宣讲、释法说理。其中，相关企业主动缴纳300余万元水土保持补偿费；对未主动缴纳的，移送水土保持补偿费费源信息60余条至税务部门；对拒不缴纳的企业立案调查2家，行政处罚1家。

2024年1月10日，汉江分院跟进监督发现，仙桃市水利和湖泊局已责令上述309家单位中166家企业的133个项目编制水土保持方案，欠缴的1400余万元水土保持补偿费被全部征缴到位。同时，仙桃市水利和湖泊局征缴新增水土保持补偿费947.66万元，现场监督检查并责令75个未完工建设项目严格落实防治水土流失措施。

针对相关信息衔接不畅等问题，汉江分院延伸办案职能，推动相关部门共享执法数据，助力破解行政机关之间的信息壁垒，确保生产建设单位依法履行水土流失防治责任。

【典型意义】

做好水土保持工作，对汉江流域水土流失防治和生态环境保护意义重大。检察机关针对生产建设单位不依法履行水土流失防治责任的问题，积极发挥公益诉讼职能作用，督促行政机关依法履职。同时，延伸检察职能，通过协助行政机关完善水土保持监测信息互享，构建水土保持工作互联互通新格局，进一步扩大监管效果，全面提升生态系统水土保持功能。

十、广东省肇庆市人民检察院支持肇庆市水利局起诉方某瑜等人河道非法采砂破坏生态环境案

【关键词】

民事公益诉讼　支持起诉　非法采砂　生态环境损害赔偿

【要旨】

检察机关已经对河道非法采砂破坏生态环境的行为以民事公益诉讼立案，行政机关又对同一损害行为启动生态环境损害索赔程序的，可以支持行政机关提起诉讼，追究违法主体的生态环境损害责任。

【基本案情】

2013年6月，广州市某集团有限公司法定代表人方某瑜等人以负

责广东肇庆珠江干流西江阅江大桥附属航槽改线疏浚工程为掩饰，在疏浚工程中进行河道非法采砂，并超量销售非法开采的河砂。经鉴定，共非法开采河砂 1324. 10 万立方米。其河道非法采砂规模对涉案河段地形地貌产生影响，扰乱水生生物栖息繁殖，破坏河流水生态系统平衡，导致社会公共利益受到侵害。

【调查和诉讼】

广州市人民检察院在办理方某瑜等人涉嫌非法采矿案时，发现其非法采矿行为发生在肇庆市，遂将案件线索移送至肇庆市人民检察院（以下简称肇庆市检察院）。肇庆市检察院经初查，认为方某瑜等人河道非法采砂行为对肇庆市端州区阅江大桥河段生态环境造成破坏，导致社会公共利益受损，遂于 2022 年 8 月 4 日以民事公益诉讼立案。2022 年 9 月 14 日，肇庆市人民政府指定肇庆市水利局启动生态环境损害赔偿程序。肇庆市检察院收到肇庆市水利局申请后，经审查决定支持磋商、诉讼。

广州市中级人民法院对方某瑜等人非法采矿案作出生效判决后，肇庆市检察院建议并协助肇庆市水利局以生效刑事判决认定的事实为基础，聘请鉴定机构对河道非法采砂行为造成的生态环境损害情况进行评估。经评估，方某瑜等人实施的非法采砂行为与涉案河段的生态环境破坏有确定的因果关系，且造成的生态环境破坏难以做到全部恢复原状，生态环境损失价值量化结果为 58873. 25 万元，其中，被破坏的生态系统价值为 46674. 525 万元，生物被破坏价值为 12198. 725 万元。肇庆市检察院协助肇庆市水利局确定赔偿义务人，并到场参与、支持、监督磋商过程。因未能与赔偿义务人达成磋商协议，肇庆市检察院建议并协助肇庆市水利局开展申请诉前财产保全等工作。

肇庆市水利局于 2023 年 1 月 10 日向肇庆市中级人民法院提起生态环境损害赔偿诉讼。2023 年 2 月 3 日，肇庆市检察院向肇庆市中级人民法院送达支持《起诉意见书》。2023 年 3 月 15 日，人民法院开庭审理该案，肇庆市人民检察院以支持起诉人身份，派员出庭。2023 年 7 月 12 日，肇庆市中级人民法院作出民事判决，判令赔偿义务人承担 58873.25 万元的生态环境损害赔偿责任。方某瑜等人不服一审判决，向广东省高级人民法院提出上诉。2023 年 11 月 28 日，广东省高级人民法院裁定该案按上诉人自动撤回上诉处理，一审判决生效。经肇庆市水利局申请，该案判决已进入法院强制执行程序。

【典型意义】

加强生态环境领域公共利益保护是设立检察公益诉讼制度和生态环境损害赔偿制度的共同目的。为避免重复起诉，节约司法资源，提升生态环境领域公共利益保护的实效性，需要加强检察公益诉讼制度与生态环境损害赔偿制度的衔接工作。检察机关和行政机关先后对同一生态环境损害行为以环境民事公益诉讼立案、启动生态环境损害赔偿索赔程序的，检察机关可以在证据收集、法律咨询、出庭支持等方面提供帮助。检察机关办理环境民事公益诉讼案件时，注重做好生态环境损害赔偿制度协同衔接，形成公益保护合力，凸显了检察公益诉讼监督与支持并重的独特法治价值。

江西省高级人民法院发布实质化解行政争议典型案例

（2024 年 11 月 19 日）

案例 1　杨某诉某县人民政府行政给付案

【基本案情】

2018 年 9 月，位于广州市荔湾区中南街道海中东街的一处房屋因电动车充电引起火情，租住在附近的江西籍退役军人杨某积极参与抢险救火，有效防止了火情进一步扩大，保障了居民的生命财产安全。2021 年 9 月，广州市荔湾区见义勇为评定委员会向杨某颁发见义勇为奖励证书。因火情紧急，杨某在未作任何防护的情况下迅速参与救火，导致吸入有毒烟雾及高温气体受伤并被诊断为吸入性肺炎、慢性咽炎、呃逆等疾病。杨某经长期治疗仍未能痊愈，导致生活日渐困难。杨某回到江西后，于 2021 年 11 月向某县人民政府申请见义勇为人员保障待遇，但一直未能解决，遂向人民法院提起诉讼，要求某县人民政府落实其见义勇为保障待遇。

【处理结果】

赣州市中级人民法院受理案件后，鉴于该案涉及见义勇为待遇落实问题，为妥善处理案涉行政争议，立即启动行政争议实质化解府院联动机制，分管院领导、承办法官多次前往杨某居住地，组织杨某与某县人民政府及其相关职能部门进行沟通协调。在各方联合推动下，市、县、乡三级联动，成立了由人民法院、医保局、财政局、退役军人事务局等单位组成的工作专班，并最终促成行政机关与杨某达成调解，一次性向杨某支付了相关待遇，各相关单位在各自职责范围内向杨某提供帮扶或救助，有效解决了杨某面临的实际困难和问题。随后，杨某向人民法院申请撤回起诉，涉案争议得到实质化解。

【典型意义】

该案是实质化解落实见义勇为人员保障待遇行政争议的典型案例。见义勇为、助人为乐是中华民族的传统美德，也是践行社会主义核心价值观的内在要求。如何落实对因见义勇为造成身体受损导致生活困难人员的待遇保障，让“英雄流血不流泪”是全社会共同关注的热点问题。该案充分利用府院联动机制，汇聚市、县、乡三级合力，对因见义勇为致伤的人员给予待遇上的充分保障，进一步弘扬了中华民族传统美德和社会主义核心价值观，有助于激发全社会向上向善的正能量，取得了政治效果、法律效果和社会效果的有机统一。

案例2　李某诉某市自然资源局行政许可案

【基本案情】

李某在铁路干线旁有自建房一幢，自建房分为主房和附属房且相互独立。2009年，因城际铁路建设项目需要，李某的主房被依法征收，附属房未被纳入征收范围，李某曾多次申请对其附属房一并征收但未获准许。后该附属房被鉴定为D级危房，李某向某市自然资源局申请在房屋原址上进行重建。2019 年 8 月，某市自然资源局向李某作出《复函》，允许李某对其附属房进行危房改造但不得原址重建。李某不服该《复函》向人民法院提起诉讼，请求撤销《复函》并责令某市自然资源局批准其建房许可申请。

【处理结果】

九江市濂溪区人民法院经审理认为，案涉房屋位于铁路干线禁止建设范围内，且该区域已被规划为防护绿地，依法不得原址改建、扩建、重建。虽然案涉《复函》在适用法律及作出程序上均存在不当之处，但直接判决撤销案涉《复函》并责令重作，看似李某获得胜诉但实际上并不能解决李某的实质诉求。为避免程序空转，该院积极与各方当事人进行沟通，多次组织李某及其家属、某市自然资源局、属地政府部门参与调解，一方面明确指出某市自然资源局作出案涉《复函》存在的不当之处；另一方面耐心细致地向李某及其家属释法明理，使其认识到其提出的原址重建申请不符合法律规定。最终在各方共同努力下，相关行政职能部门依法收储案涉地块并给予李某相应补偿，后李某向人民法院申请撤回起诉。

【典型意义】

该案是人民法院践行实质解纷理念、避免“就案办案”的典型案例。张军院长强调，老百姓到法院是为了解决问题的，绝不是来“走程序”的。该案中，人民法院没有就案办案、简单机械地对该案一判了之，而是深入了解李某的实质诉求，围绕案件症结，一方面向行政机关释明被诉行政行为的不当之处及李某存在的合理诉求，另一方面通过加强释法说理引导李某主动将诉求变更至合法范围，最终实质化解了该起历时十余年的矛盾纠纷，有效避免了“程序空转”，取得了既“定分”又“止争”的良好效果。

案例3　许某诉某镇人民政府行政协议系列案

【基本案情】

2017年1月，为推进新型城镇化建设，某县人民政府制定了《某县中心城区农民公寓式安置和建设管理实施办法》。2017年10月，某镇人民政府、某村民委员会、某村民委员会一组和二组三方共同签订了案涉征收补偿协议，对用于安置的农民公寓房建设成本进行了约定。后某县人民政府又制定了《某镇小学东面一期农民公寓申购工作方案》，并制发抄告单确定农民公寓房均价为2100元/㎡。2023年1月，某镇人民政府组织摇号，村民许某中签。许某要求按照案涉征收补偿协议约定的建设成本价申购农民公寓房未果，遂向人民法院提起诉讼，与许某同时向人民法院提起诉讼的还有其他51户村民。

【处理结果】

抚州市中级人民法院经审理认为，虽然一审法院经征求当事人意见，对该“一事多案”系列案选取了许某的案件进行示范性诉讼，但该系列案涉众面广、社会影响大，故联合市司法局多次赴当地实地查勘并组织调解。在查明案件事实、厘清法律关系的基础上，抚州市中级人民法院联合市司法局共同向某县人民政府提出了按照解决历史遗留问题的思路实质化解纠纷的建议。某县人民政府收到建议后高度重视，由县人民政府主要负责人主持召开专题会议研究讨论，就兑现政府承诺、解决案涉历史遗留问题形成会议纪要，明确按照均价1500元/㎡提供农民公寓式安置房。该解决方案最终得到了村民的一致认可，某镇人民政府、某村民委员会、某村民委员会一组和二组在此基础上重新签订协议，许某及其他51户村民均向人民法院申请撤回起诉，该系列案得以圆满解决。

【典型意义】

该案是人民法院灵活运用“府院联动+示范诉讼”促进行政机关守信践诺的典型案例。党的二十大报告强调，要转变政府职能，提高行政效率和公信力。人民法院在审理行政协议案件时，既要监督行政机关依法行政，也要督促行政机关守信践诺，依法维护行政相对人的合法权益，助力诚信政府建设。该案中，人民法院本着尊重历史、实质解纷的理念，通过“面对面”倾听诉求、“穿透式”审查争议、“靶向式”处理纠纷，切实寻求利益平衡点，实现了案结事了、政通人和。同时，该案采用示范诉讼的方式以点带面，通过审理“一案”高效化解“一事多案”系列行政争议。

案例 4　彭某连诉某县民政局行政登记案

【基本案情】

2001 年，彭某华因未达法定结婚年龄，以其姐姐彭某连的身份信息与李某在某县民政局办理了结婚登记。后彭某连与他人在外省办理了结婚登记。2022 年，彭某连在外省申请办理离婚登记时，因民政部门发现彭某连存在两次结婚登记，认为其无权为彭某连办理离婚登记。2023 年，彭某连向人民法院提起诉讼，请求撤销彭某华以彭某连名义办理的结婚登记。

【处理结果】

萍乡市安源区人民法院经审理认为，虽然案涉结婚登记行为已经超过法定起诉期限，但彭某连的身份信息确实被彭某华冒用并进行了结婚登记，由此也给彭某连的生活造成了严重困扰，以超过起诉期限为由裁定驳回彭某连的起诉无法从根源上解决案涉争议。为实质性化解争议，萍乡市安源区人民法院在查清彭某华系冒名申请结婚登记的基础上，向某县民政局发送司法建议，建议某县民政局依法处理。收到司法建议后，某县民政局积极采纳该司法建议，自行撤销了错误的结婚登记，彭某连亦向人民法院申请撤诉，至此困扰彭某连多年的冒名婚姻登记案件得到实质解决。

【典型意义】

该案是人民法院通过发送司法建议推动行政机关自行纠错的典型案例。习近平总书记强调，中国式现代化，民生为大。人民法院在办理以冒名顶替或弄虚作假的方式办理婚姻登记的案件时，必须牢牢把握社会公平正义这一价值目标，积极回应群众关切，根据案情实际促进问题解决。该案中，彭某华以冒名顶替方式办理结婚登记不仅扰乱了婚姻登记秩序，还侵害了被冒名者彭某连的合法权益。人民法院摒除就案办案、机械司法思维，在依法查明案件事实的基础上，正确贯彻落实"两高两部"《关于妥善处理以冒名顶替或者弄虚作假的方式办理婚姻登记问题的指导意见》，及时向民政部门发送司法建议，促使民政部门自行启动纠错程序，维护了婚姻登记秩序和当事人的合法权益，节约了行政成本和司法资源。

案例5　林某诉某市人民政府行政复议案

【基本案情】

林某系退役残疾军人。2023年9月，林某在乘坐公交车时应司机要求支付了1元车费。后林某向某市交通局提交申请，要求某公交集团退还车费并落实军人抚恤优待政策。某市交通局根据《关于落实残疾退役人员和享受抚恤补助的优抚对象凭有效证件乘坐市内公共汽车、地铁、轻轨等公共交通工具的政策的通知》（以下简称《公交工具政策通知》）、《关于公布某市退役军人、其他优抚养对象优待证第一批政府类优待目录清单的通知》（以下简称《优待目录清单》）回复林某，残疾军人可免费乘坐市内公交但须办理乘车卡。林某不服该回复，向某市人民政府申请行政复议。复议期间，某市人民政府将《公交工具政策通知》转送省交通厅处理。2024 年 1 月，省交通厅废止了该文件。随后，某市人民政府作出确认某市交通局的回复违法，停止执行《优待目录清单》并责令相关部门予以纠正的复议决定。林某仍不服，向人民法院提起诉讼。

【处理结果】

宜春市中级人民法院经审理查明，林某实际上是对行政机关的整改结果有异议。该院随即启动府院联动工作机制，联合市司法局、退役军人事务局、交通局等相关部门，在前期经复议推动《公交工具政策通知》废止的基础上，进一步共同推动《优待目录清单》的修订工作及其他整改事宜，某市公交集团组织工作人员集体学习相关政策，某市汽运公司将残疾军人购票列入城际客运网络订票开发计划，确保了残疾军人持证可直接享受免费乘坐公交等优待政策。林某对整改成效及相关部门的惠民措施高度认可，遂向人民法院申请撤回起诉。

【典型意义】

该案是人民法院与行政复议机关主动延伸职能，坚持以案促治，推动规范性文件审查、废止、修订并实质化解涉军维权行政争议的典型案例。习近平总书记强调，双拥运动是我党我军我国人民特有的优良传统和政治优势。人民军队是党和国家的钢铁长城，公正高效维护军人地位、保障军人合法权益是司法机关、行政机关的重要职责。该案中，复议机关及时推动案涉相关规范性文件审查、废止，切实维护法制统一；人民法院围绕纠纷成因、当事人的实质诉求等症结，依托府院联动工作机制，与相关政府职能部门协同发力，在实现纠纷实质化解的同时，推动了军人抚恤优待政策落实落细，彰显了人民法院与司法行政机关维护军人合法权益、促推法治政府建设的责任担当。

案例6　谢某诉某市自然资源和规划局、某市人民政府不履行法定职责及行政复议案

【基本案情】

谢某的房屋位于某高速公路扩建项目的征收范围内，因征收部门未能就征收补偿与谢某协商达成一致，谢某的房屋一直未被征收。为此，谢某向某市自然资源和规划局、某区住房和城乡建设局、某镇人民政府等多个行政机关提出履行安置补偿、公开村务信息等职责的申请，因对上述行政机关的答复或不答复行为不服，谢某向某市人民政府、某区人民政府申请行政复议，后谢某对行政复议决定仍不服，又分别向萍乡市中级人民法院、萍乡市湘东区人民法院提起多件行政诉讼。

【处理结果】

萍乡市湘东区人民法院经审理认为，谢某提起行政复议和行政诉讼的实质诉求在于解决征收补偿问题，该案属于典型的“一人多案”“一事多案”。该院遂依托与某区司法局建立的“诉复衔接”机制，组织征收实施部门、征收实施单位一同进行实地勘查，在实现全面信息共享和充分沟通后，找准引发该案纠纷的关键症结，召开协调会对谢某进行现场答疑，消除其对补偿标准及法律适用的疑虑。最终，谢某签署了征收补偿协议，并撤回了所有在诉行政案件的起诉。

【典型意义】

该案是人民法院和司法局运用“诉复衔接”机制实质化解“一人多案”“一事多案”的典型案例。张军院长在《最高人民法院关于人民法院行政审判工作情况的报告》中指出，行政诉讼“一人多案”“一事多案”问题较为突出，要通过推动行政审判与行政复议工作有机衔接等举措进一步加强行政争议实质化解。该案中，人民法院与司法行政机关站稳人民立场，运用“诉复衔接”机制，强化部门联动、凝聚工作合力，以解决当事人实质诉求为导向，充分发挥主观能动性，因案施策、精准发力，运用法治思维和法治方式实质性回应当事人的合理诉求，通过“一事调”实现了“多案消”。

案例7　尹某等诉某市住房和城乡建设局、某市人民政府行政处罚及行政复议案

【基本案情】

2021年8月，某供销合作社与方某、童某签订《工程施工协议》，将办公大楼维修工程发包给方某、童某。2023年5月，某市住房和城乡建设局以分包存在违法情形为由，对该供销合作社及其主管人员尹某、施工单位方某和童某分别作出行政处罚决定。尹某、方某、童某不服，向某市人民政府申请行政复议。经复议审查，某市人民政府维持了行政处罚决定。某供销合作社不服行政处罚决定，尹某、方某、童某不服行政处罚决定和行政复议决定，均向人民法院提起诉讼。

【处理结果】

上饶市广信区人民法院经审理认为，案涉行政处罚决定存在程序违

法等情形，依法应予以撤销。为实质化解行政争议，该院将庭审现场搬进某市多元调处中心，并与某市司法局共同组织辖区内十余家行政机关、近百名工作人员“零距离”旁听庭审，某市住房和城乡建设局出庭负责人在庭审中“出庭又出声”，让参与旁听庭审的行政执法人员对依法行政有了更为全面直观的认识。庭审结束后，人民法院与行政复议机关依托府院联动工作机制加强诉中调解，某市人民政府主要负责人亲自推动争议调处工作，最终促成某市住房和城乡建设局通过自行纠错撤销了案涉行政处罚决定，某供销合作社、尹某、方某、童某均向人民法院申请撤回起诉。

【典型意义】

该案是人民法院与行政复议机关共同推动行政争议实质化解的典型案例。习近平总书记深刻指出，法治政府建设是全面依法治国的重点任务和主体工程。行政行为自我纠错是依法行政的应有之义，也是推进法治政府建设的应然举措。该案中，在查明行政机关作出的行政处罚决定存在程序违法的情况下，人民法院与司法局协调联动，积极争取政府主要负责人支持，督促行政机关自行纠错，一揽子化解了多起行政复议、行政诉讼案件，具有较好的示范引领作用。同时，通过“巡回审判+示范庭审”的方式将案件庭审与普法宣传相结合，以案释法、以庭代训，让庭审现场“秒变”普法课堂，起到了“庭审一案，教育一片”的良好效果。

案例8　某实业公司诉某市人民政府不履行法定职责案

【基本案情】

2008年9月，某市人民政府要求某实业公司在其用地范围内建设一个室内农贸市场，案涉农贸市场建成后一直由某实业公司负责运营管理。2018 年 7 月，为解决当地群众反映强烈的该农贸市场“脏、乱、差”等突出问题，某市人民政府以会议纪要的形式，明确以建设成本收购案涉农贸市场。后因某市人民政府一直未落实案涉农贸市场收购事宜，某实业公司向人民法院提起诉讼，请求判令某市人民政府履行对案涉农贸市场的收购职责。

【处理结果】

江西省高级人民法院经审理认为，该案涉及历史遗留及相关政策调整等问题，案件处理不仅事关民营企业合法权益保护及优化法治化营商环境，还因涉及农贸市场能否正常有序经营问题，事关当地民生及社会稳定。为妥善处理该案所涉争议，江西省高级人民法院通过开展上下级法院及府院高效联动，以发送《行政争议实质化解函》等方式积极开展协调化解工作，在省市两级法院和相关行政机关的合力推动下，最终促成某实业公司与某市人民政府就案涉农贸市场的收购事宜签订调解协议，并由人民法院出具行政调解书。

【典型意义】

该案是人民法院通过“院院协作+府院联动”推动行政机关依法履行职责的典型案例。张军院长强调，要把实质性化解矛盾、解决问题作为司法审判的目标、导向，以“如我在诉”意识，在每一个审判环节都把服判息诉的功课做到极致。该案中，江西省高级人民法院牢固树立“双赢多赢共赢”理念，坚决克服消极审判、机械司法、就案办案思维，通过与下级法院、当地政府多方面联动，合力化解这起历时多年的涉企行政案件，达到了“政府、企业、市民”多方共赢的办案效果。

地方法规、地方规章与解读

黑龙江省司法厅

关于印发《黑龙江省司法行政机关及有关平台（组织）预防和化解行政争议办法》的通知

（2024年5月27日）

各市（地）司法局，省委依法治省办秘书处，厅直各单位，厅机关各处（室、局）：

现将《黑龙江省司法行政机关及有关平台（组织）预防和化解行政争议办法》印发给你们，请认真抓好贯彻落实。

黑龙江省司法行政机关及有关平台（组织）预防和化解行政争议办法

第一条 为充分发挥司法行政机关职能作用，加强司法行政系统部门协作，切实提高行政争议预防和化解质效，维护公民、法人和其他组织合法权益，维护社会和谐稳定，根据《中华人民共和国行政复议法》、《黑龙江省调解条例》、司法部《关于进一步加强行政复议调解工作 推动行政争议实质性化解的指导意见》（司规〔2024〕1 号）等相关规定，制定本办法。

第二条 本省各级司法行政机关及有关平台（组织）依据工作职能，预防和化解行政争议，适用本办法。

本条所称“平台”是指公共法律服务中心、非诉讼纠纷解决中心、黑龙江省 12348 公共法律服务热线；所称“组织”是指调解组织。

第三条 行政争议预防和化解工作要始终坚持党的领导，坚持以人民为中心的发展思想，坚持和发展新时代“枫桥经验”，坚持把非诉讼纠纷解决机制挺在前面，突出公共法律服务的普惠性和针对性，为人民群众提供多元、便捷、高效的行政争议解决方式，努力让人民群众在每一起行政争议化解过程中感受到公平正义，实现政治效果、法律效果、社会效果的统一。

第四条 预防和化解行政争议应当遵循以下原则：

（一）预防和化解并重原则；

（二）依法化解原则；

（三）尊重当事人意愿原则；

（四）调解优先原则。

第五条 各级司法行政机关要加强组织领导，建立健全行政争议预防和化解会商机制，确定具体牵头部门，行政复议、人民参与和促进法治、普法与依法治理、法律援助、行政执法协调监督、律师管理、司法鉴定管理、公证管理等工作部门共同参与，定期研究分析行政争议预防和化解工作，研究解决重大行政争议化解案件，加强对下级司法行政机关行政争议化解工作的指导。

第六条 将行政争议预防和化解工作纳入法治建设责任指标考评体系，科学设定考核内容及分值，组织开展考核评价。

第七条 公共法律服务中心、非诉讼纠纷解决中心、调解组织、黑龙江省12348公共法律服务热线等对当事人的咨询、投诉应当主动作为，积极释法明理，引导当事人正确认识行政机关的行政行为，依法、理性提出诉求，维护自身合法权益。

第八条 普法与依法治理工作部门聚焦行政争议难点热点，强化普法教育，增强行政机关及其工作人员依法行政意识和人民群众法治观念，培育全社会办事依法、遇事找法、解决问题用法、化解矛盾靠法的良好法治环境。

第九条 鼓励公证机构参与行政执法辅助事务，对行政执法人员实施的行政执法行为和过程予以证明，实现行政执法全过程留痕、固定证据，预防行政争议发生。

第十条 行政执法协调监督工作部门应当推进严格规范公正文明执法，加大对各市（地）、各部门的行政执法监督力度。行政复议机构、调解组织等对在工作中发现的行政执法方面的普遍性、突出性问题应当定期向行政执法协调监督工作部门反馈。

第十一条 公共法律服务中心、非诉讼纠纷解决中心要利用调解、律师、法律援助、司法鉴定、公证、行政复议等资源，完善行政争议受理、分流、指派、化解等工作机制，实现前台统一受理，后台分流转办。

对需以解决相关民事纠纷为基础的行政争议，可以引导当事人依法先行解决相关民事纠纷。

第十二条 行政复议机构接到行政复议申请时，在法定审查期限内，对案情简单、法律关系清楚、争议不大的行政争议，经申请人、被申请人同意，可以组织调解。对不适合调解或者调解不成的，行政复议机构应及时作出受理审查意见。

行政复议案件审理中，在查明事实、分清是非的基础上，积极引导当事人自行和解或达成调解协议。一般案件由主审人组织调解，重大、疑难、复杂案件由业务处（科、股）负责人主持调解，必要时报请分管行政复议工作的领导主持调解。

第十三条 经各方当事人同意，行政复议机构对案件涉及的民事纠纷，可以交由非诉讼纠纷解决中心、调解组织进行调解，或者邀请由人民参与和促进法治工作部门推荐的人民调解员、行业性专业性调解组织调解员等参与调解。

非诉讼纠纷解决中心、调解组织受理后，应当及时指定或者由当事人选择调解员，在自愿、平等的基础上，依法调解。当事人可以自行约定调解期限，没有约定的，调解期限为三十日；情况复杂或者有其他特殊情形的，经当事人同意，调解期限可以延长三十日。法律法规对调解期限另有规定的，从其规定。调解期间，行政复议机关依法中止案件审理。

调解成功的，根据各方当事人意愿，非诉讼纠纷解决中心、调解组织可以制作调解协议书，并将调解情况反馈行政复议机构，行政复议机关依法作出《行政复议调解书》；也可以引导行政复议申请人向行政复议机构提交撤回行政复议申请书，行政复议机关作出《行政复议终止决定书》。调解未成功的，由行政复议机关依法恢复案件审理。

经调解达成调解协议，当事人可以自调解协议生效之日起30日内，共同向对调解协议有管辖权的人民法院申请司法确认。

第十四条 对案情较为复杂、当事人异议较大的行政复议案件，行政复议机构在案件审理时、行政复议决定作出后主动向当事人释明涉案认定事实依据、法律程序和法律适用等问题，争取当事人的理解认同。

第十五条 当事人对行政复议决定不服提起行政诉讼后，行政复议机构积极配合人民法院、协调行政机关，争取通过调解、和解方式化解行政争议。

第十六条 行政复议机构在办理行政复议案件过程中，发现被申请人或者其他下级行政机关的有关行政行为违法或者不当的，可以拟定行政复议意见书，由行政复议机关制发。

第十七条 县级以上司法行政机关可以根据化解行政争议需要，建立由律师、法律顾问、调解员以及心理咨询等相关行业专业领域的专业人员组成的行政争议化解专家库，参与行政争议调解化解工作，为各相关机构化解行政争议提供支持。

第十八条 对情绪过激、压力过大、沟通出现障碍或存在应激反应的当事人，行政争议化解人员可以邀请心理咨询专家参与化解，引导当事人消除负面情绪，实现有效沟通。

第十九条 法律援助工作机构在行政争议化解中，对符合法律援助条件的当事人，依法及时给予法律援助，对不符合法律援助条件的，向其说明理由。

第二十条 各级司法行政机关应结合实际情况，每年定期对本级、下级行政争议化解工作人员开展业务培训，加强队伍素质能力建设，提高行政争议化解工作水平。

第二十一条 各市（地）司法局依据本办法，结合本地实际，制定配套实施细则。

第二十二条 本办法自印发之日起施行，有效期为5年。《关于印发〈黑龙江省司法行政机关及有关平台（组织）预防和化解行政争议试行办法〉的通知》（黑司规〔2022〕1号）同时废止。

行政审判讲堂答疑

最高人民法院“行政审判讲堂”第二期答疑

问题 1：公民、法人或者其他组织提起行政诉讼，诉讼请求不具体或者所列被告不明确的，人民法院应当如何处理？（提问人：江西南昌铁路运输中级法院章鹏在法官）

答疑意见：我们认为，人民法院要在对起诉条件依法审查的基础上，充分履行释明义务，切实保障起诉人合法权利。以下分三个层次解答。

第一，行政诉讼法规定，起诉须有具体的诉讼请求、明确的被告。符合法定起诉条件是人民法院依法受理行政诉讼案件的法定要求。行政诉讼法第四十九条规定：“提起诉讼应当符合下列条件：（一）原告是符合本法第二十五条规定的公民、法人或者其他组织；（二）有明确的被告；（三）有具体的诉讼请求和事实根据；（四）属于人民法院受案范围和受诉人民法院管辖。”诉讼请求不具体、被告不明确等情形，不符合法定起诉条件，人民法院依法可以裁定不予立案。

第二，在审查起诉阶段，人民法院应当充分履行指导释明义务。行政诉讼法第五十一条第三款规定了法院的指导释明义务。即，起诉状内容欠缺或者有其他错误的，应当给予指导和释明，并一次性告知当事人需要补正的内容。不得未经指导和释明即以起诉不符合条件为由不接收起诉状。《最高人民法院关于适用〈中华人民共和国行政诉讼法〉的解释》（以下简称《行诉法解释》）第五十五条进一步规定，人民法院应当就起诉状内容和材料是否完备以及是否符合行政诉讼法规定的起诉条件进行审查。起诉状内容或者材料欠缺的，人民法院应当给予指导和释明，并一次性全面告知当事人需要补正的内容、补充的材料及期限。在指定期限内补正并符合起诉条件的，应当登记立案。当事人拒绝补正或者经补正仍不符合起诉条件的，退回诉状并记录在册；坚持起诉的，裁定不予立案，并载明不予立案的理由。据此，人民法院须充分履行审查、指导和释明义务，不宜简单裁定不予立案。

第三，对于已进入审理程序的案件，人民法院也应当充分履行释明义务。在审理过程中，经释明原告同意补正相关材料的，人民法院应当及时记录在册。原告拒绝补正的，人民法院应当根据不同情形作出处理：诉讼请求不具体，但诉讼请求的表述不影响人民法院进行实体审查的，应当依法审理后作出裁判；被告不明确，但可以查清其他适格被告的，应当裁定驳回起诉，并在裁定书中明确告知适格被告情况。

综上所述，人民法院要依照行政诉讼法及其司法解释的规定，以解决相对人实质诉求为导向，充分履行指导释明等职责，有效解决“程序空转”问题，防止出现“群众一件事、法院多件案”现象。

问题 2：在大多数被征收人已经与行政机关达成补偿协议情况下，如何在征收项目正常推进和保护未签订补偿协议的被征收人的合法权益之间寻求平衡？（提问人：山西省高级人民法院行政审判庭程彦斌庭长）

答疑意见：我们认为，这一问题要从以下三个层次把握。

第一，要依法保障未签订补偿协议的被征收人的起诉权利。根据《土地管理法实施条例》第三十一条和《国有土地上房屋征收与补偿条例》第二十六条的规定，行政机关与被征收人达不成补偿协议的，行政机关应当作出补偿决定。被征收人可以就补偿决定依法申请行政复议或者提起行政诉讼。

第二，人民法院在审理过程中，要兼顾公共利益和个人利益的平衡。人民法院要在对被诉征收补偿决定合法性进行审查的基础上，斟酌大多数被征收人已经签约的事实和原告实体权益的保护，依法稳慎作出相应裁判。

第三，在被征收人合法权益得到保障的基础上，要稳妥推进公益征收项目。公益征收项目事关公共利益的实现，应当得到及时推进。被征收人在法定期限内不申请行政复议或者不提起行政诉讼的，行政机关可以依法申请人民法院强制执行。例如，《国有土地上房屋征收与补偿条例》第二十八条规定："被征收人在法定期限内不申请行政复议或者不提起行政诉讼，在补偿决定规定的期限内又不搬迁的，由作出房屋征收决定的市、县级人民政府依法申请人民法院强制执行。"

问题 3：公民、法人或者其他组织对房屋交易合同网上签约后的行政机关的备案行为不服提起诉讼，是否属于行政诉讼受案范围？（提问人：重庆市高级人民法院行政庭许鹏法官）

答疑意见：我们认为，备案行为是否属于行政诉讼受案范围，需要审查该行为是否对公民、法人或者其他组织的合法权益产生实际影响。

第一，行政诉讼法及其司法解释明确了行政诉讼受案范围的标准。行政诉讼法第十二条第一款第十二项规定，公民、法人或者其他组织认为行政机关侵犯其他人身权、财产权等合法权益的，属于人民法院行政诉讼受案范围。《行诉法解释》第一条第二款第十项规定，对公民、法人或者其他组织权利义务不产生实际影响的行为，不属于人民法院行政诉讼的受案范围。根据上述规定，当事人不服行政行为提起诉讼是否属于行政诉讼受案范围，应当以行政行为是否对当事人的人身权、财产权等合法权益产生实际影响作为判断标准。

第二，房屋交易合同网上签约备案，是行政机关行使行政管理职权的行为。《住房城乡建设部关于进一步规范和加强房屋网签备案工作的指导意见》（建房〔2018〕128号）规定，实行房屋买卖合同网签备案制度。经网签备案的房屋买卖合同，可以作为当事人办理银行贷款、住房公积金提取、涉税业务等的依据。据此，网签备案行为与当事人的财产权益紧密相连。因此，当事人对行政机关的备案、拒绝或者拖延备案、拒绝备案更正等作为或者不作为行为不服提起诉讼的，属于行政诉讼受案范围。

问题4：税务机关认定出票企业虚开增值税发票并作出税务处理决定，受票企业是否有权作为利害关系人申请行政复议？（提问人：辽宁省大连市中级人民法院审监庭王少琨庭长）

答疑意见：这个问题，也从三个方面解答。

第一，受票企业是否符合行政复议申请人资格，主要看是否与行政行为有利害关系。根据行政复议法第三十条第一款的规定，申请人须与被申请行政复议的行政行为有利害关系。根据上述规定，受票企业能否对税务机关就出票企业虚开增值税发票作出的税务处理决定申请行政复议，应当以该税务处理决定是否影响受票企业的权利义务为判断标准。

第二，参照相关规章规定，税务处理决定可能对受票企业权利义务产生影响。《国家税务总局关于纳税人虚开增值税专用发票征补税款问题的公告》（国家税务总局公告2012年第33号）规定，纳税人取得虚开的增值税专用发票，不得作为增值税合法有效的扣税凭证抵扣其进项税额。因此，税务处理决定可能导致受票企业从出票企业处取得的增值税专用发票不能作为增值税合法有效的扣税凭证抵扣其进项税额。据此，上述税务处理决定对受票企业作为纳税人的权利义务有可能产生实际影响，受票企业与上述税务处理决定具有利害关系，有权申请行政复议。

第三，在例外情况下，税务处理决定可能对受票企业权利义务不产生实际影响。参照国家税务总局有关规章规定，在出票企业存在虚开增值税发票的情形下，受票企业并非必然不能将取得的增值税专用发票作为增值税扣税凭证抵扣进项税额。在此情况下，当有充分证据证明受票企业符合上述情形时，税务机关对出票企业的虚开增值税发票行为作出税务处理决定将不会对其权利义务产生实际影响。受票企业不能作为行政复议申请人申请行政复议。当然，在执法实践中，对于行政复议申请人资格不宜采取严格限制的做法，特别是，对行政复议机关已经确认申请人资格的，在行政诉讼中，人民法院要予以充分尊重。要按照 2023 年修订的行政复议法的精神，充分发挥行政复议“低成本、高效率、宽口径”的制度优势，推动发挥行政复议化解行政争议主渠道作用。

新类型疑难案例选评

田某某与贾某某机动车交通事故责任纠纷执行案

向国慧[*]　魏　丹[**]

【裁判要旨】

生效判决以定额方式计算的残疾赔偿金，与受害人实际生存年限没有关联，受害人死亡后，残疾赔偿金作为受害人的财产权利，可以继承，继承人可依法申请继续按照生效判决确定的数额执行。

受害人死亡后，护理费不再产生，故尚未支付的护理费具有人身专属性，参照民事诉讼法（2017 年修正，下同）第二百五十七条关于追索赡养费、扶养费、抚育费案件的权利人死亡，执行程序应当终结的规定，受害人死亡后，不再继续执行。

已经执行的超过受害人实际生存年限的护理费，不再退还。

[基本案情]

申诉人（被执行人）：田某某。

* 最高人民法院执行局二级高级法官、财产刑及行政执行室主任。

** 最高人民法院执行局二级高级法官助理。

原申请执行人：贾某某（已死亡）。

变更后的申请执行人：李某某，原申请执行人法定继承人，贾某某之妻。

变更后的申请执行人：贾某甲，原申请执行人法定继承人，贾某某长子。

变更后的申请执行人：贾某乙，原申请执行人法定继承人，贾某某次子。

被执行人：中国某财产保险股份有限公司乌兰察布市中心支公司（以下简称某保险公司）。

田某某与贾某某机动车交通事故责任纠纷一案，内蒙古自治区丰镇市人民法院（以下简称丰镇法院）于 2015 年 8 月 10 日作出（2015）丰民初字第 119 号民事判决，对受害人贾某某的各项损失确认：按照内蒙古自治区 2014 年度城镇居民人均可支配收入标准计算二十年，残疾赔偿金为 25497 元/年×20 年×100% = 509940 元，完全护理依赖护理费为 101 元/天×20 年×365 天/年 = 737300 元；医疗费 405533. 44 元、住院伙食补助费 4800 元、住院护理费 9696 元、精神抚慰金 3 万元、误工费 20471. 38 元、交通费 7615 元、残疾器具费 7473 元。以上共计 1725983. 32 元。扣除被告田某某已赔付的 18 万元。判决：（1）某保险公司在交强险限额内赔付贾某某医疗费 1 万元、精神抚慰金 3 万元、残疾赔偿金 8 万元；在商业第三者责任险限额内赔付贾某某各类损失 50 万元，合计 62 万元；（2）田某某赔偿贾某某各类损失费 925983. 32 元。上述赔付款项于判决生效后一个月内付清。田某某不服，提出上诉。乌兰察布市中级人民法院（以下简称乌兰察布中院）于 2016 年 2 月 23 日作出二审判决，维持原判。

丰镇法院于 2016 年 4 月 25 日立案执行，同年 5 月 3 日，贾某某领取了某保险公司赔付的 62 万元款项。

2017年1月10日，申请执行人贾某某去世，丰镇法院变更李某某、贾某甲、贾某乙为本案申请执行人。

执行中，丰镇法院追加了田某某的妻子刘某某为本案被执行人，并执行田某某及刘某某536386.32元，尚有389597元未执行。

［执行中的审查情况］

田某某于2018年1月5日向丰镇法院提出异议，请求终结一审判决第二项执行。理由为：由于贾某某已死亡，原判残疾赔偿金（25497元/年×20年×100%=509940元）和完全护理依赖护理费（101元/天×20年×365天/年=737300元），不应再由其承担，应按照受害人死亡时2017年度内蒙古自治区道路交通事故损害赔偿标准（自治区上一年度城镇居民人均可支配收入32975元×20年=659500元）一次性赔偿其死亡赔偿金及六个月的丧葬费（自治区上一年度职工月平均工资5166元×6个月=30996元）。原判认定的残疾赔偿金和完全护理依赖护理费是预计受害人今后治疗可能发生的费用，其性质专属于受害人，受害人死亡后则不应继续赔偿，且由于残疾赔偿金、完全护理依赖护理费具有专属性，不能转让和继承，受害人亲属不能继续申请执行，对这部分款项应终结执行。对原审认定的其他损失即医疗费、住院伙食补助费、护理费、精神抚慰金等费用无异议。

丰镇法院和乌兰察布中院认为，本案一审判决已经生效，申请执行人与被执行人之间形成了被确认的债权债务关系，在原判决被依法撤销或改判前，应当继续执行。

田某某不服，向内蒙古自治区高级人民法院（以下简称内蒙古高院）申诉。内蒙古高院经该院审判委员会研究，存在不同意见。

一是关于残疾赔偿金和后续护理费是否属于遗产，原申请执行人的继承人能否继续申请执行的问题。该院有两种意见，多数意见认为该两项财产具有人身专属性，不是遗产，不能继承，其继承人不能继续申请执行。少数意见认为，该费用是预计受害人今后发生的费用，受害人已死亡，不可能再发生相关费用，故不存在继承的问题。

二是关于如后续护理费和残疾赔偿金不能继承，对于原申请执行人死亡后执行的款项，能否执行回转的问题。该院有两种意见，多数意见认为，应予执行回转。少数意见认为，不再执行回转。

三是关于执行案件应如何处理的问题。该院有两种意见，多数意见认为，应终结对残疾赔偿金和后续护理费的执行，当事人应启动新的诉讼主张死亡赔偿金和丧葬费。少数意见认为，在执行依据未被撤销或改变的情况下，执行机构不能以执代审，应中止执行，通过再审程序变更原判决或依当事人主张新的诉讼，再结合新诉的结果综合执行。

内蒙古高院向最高人民法院请示：判决确定的受害人在执行中死亡，应否继续执行原判决确定的残疾赔偿金和后续护理费？

[最高人民法院不同意见]

本案在审查过程中，就一审法院以确定的二十年期限判令一次性支付残疾赔偿金和护理费用，在申请执行人实际生存期间短于赔偿年限的情况下，如何执行残疾赔偿金和护理费，以及当事人应通过何种途径主张权利的问题，最高人民法院存在分歧。

关于残疾赔偿金的支付问题。一致意见认为，残疾赔偿金性质是权利人因丧失劳动能力而导致的财产损失，在事故发生后，受害人的损失已经产生，残疾赔偿金在定残后依法确定，并不因受害人死亡而消灭。司法解释规定对残疾赔偿金的计算采纳定额化计算法，即对受害人残疾赔偿金的计算依据固定的赔偿标准和期限予以计算，不因受害人存活年限的减少而改变。因此，按照二十年计算残疾赔偿金属于一种计算标准，以二十年为标准计算的残疾赔偿金应当理解为一次性给付，在法律未规定受害人生存期间短于二十年的可以减少赔付的情况下，残疾赔偿金数额并不与受害人生存期间长短有直接关联。受害人是基于法院判决一次性取得残疾赔偿金，即使受害人实际生存期间短于二十年，也不存在返还多余费用的问题。

关于护理费的支付问题。一种意见认为，以二十年期限支付残疾赔偿金和护理费用，只是法院确定赔偿数额的一个参考标准，判决主文中并没有区分哪部分款项具有人身专属性，不能转让和继承。对于没有实际发生的护理费用可不再支付。一种意见认为，护理期限是法院在自由裁量权的范围内确定的，赔偿标准及有关期限，只是赔偿的一个标准，不宜随当事人护理期限长短而变更。对于法院确定的护理期限未届满时，受害人已经死亡，赔偿义务人已经支付的护理费亦不应退还。如果从受害人死亡之后不再计取护理费，则可能出现责任人实际赔付的金额少于死亡赔偿金和丧葬费数额的情形，需要综合予以考虑。另一种意见认为，执行程序中，对护理费的执行与对普通金钱债权的执行适用的规定是相同的。执行仅是程序性审查，并没有职权审理护理费的具体计算时间、标准等实体问题。如果执行程序中变更生效判决执行，不仅导致执行程序不稳定，还会带来道德风险，因此，在生效法律文书被依法撤销或改判前，应当继续执行。

关于当事人应通过何种途径主张权利的问题。一种意见认为，对于护理费用，受害人死亡后，一般不再发生护理费，故这部分款项可以考虑终结执行，当事人可以通过异议复议程序寻求救济。而仅以受害人死亡为由进行再审，改判被告承担的民事责任的范围和数额，依据不足。另一种意见认为，如赔偿义务人认为发生受害人死亡的新事由，可通过另诉程序，请求减免护理费，而不应在执行程序中直接终结执行。

[最高人民法院研究意见]

最高人民法院经研究认为：（1）生效判决以定额方式计算的残疾

赔偿金，与受害人实际生存年限没有关联，受害人死亡后，残疾赔偿金作为受害人的财产权利，可以继承，继承人可依法申请继续按照生效判决确定的数额执行；（2）受害人死亡后，护理费不再产生，故尚未支付的护理费具有人身专属性，参照民事诉讼法第二百五十七条关于追索赡养费、扶养费、抚育费案件的权利人死亡，执行程序应当终结的规定，受害人死亡后，不再继续执行；（3）就本案处理，已经执行的超过受害人实际生存年限的护理费，不再退还。

［评析］

残疾赔偿金与护理费执行问题

一、关于残疾赔偿金的执行问题

第一，受害人死亡的，残疾赔偿金不能转换为死亡赔偿金。《最高人民法院关于审理人身损害赔偿案件适用法律若干问题的解释》（2022年修正，以下简称《审理人身损害赔偿案件的解释》）第二十条第一款规定，赔偿义务人请求以定期金方式给付残疾赔偿金、辅助器具费的，应当提供相应的担保。人民法院可以根据赔偿义务人的给付能力和提供担保的情况，确定以定期金方式给付相关费用。因此，残疾赔偿金的给付以一次性给付为原则，以定期给付为例外。在损害事实发生后，已经导致受害人残疾的后果，侵权结果发生，侵权责任人即应当按照判决认定的责任大小和受害人的损害程度支付残疾赔偿金，故不存在受害人后期死亡而免除或者将残疾赔偿金改为死亡赔偿金的问题，并且司法解释虽然规定经人民法院确认可以定期给付，但并未规定受害人死亡后，可以变更给付或免除给付。

第二，残疾赔偿金不与受害人生存期间的实际长短直接关联，赔偿义务人应当按照判决确定的金额给付残疾赔偿金。《审理人身损害赔偿案件的解释》第十二条规定，残疾赔偿金根据受害人丧失劳动能力程度或者伤残等级，按照受诉法院所在地上一年度城镇居民人均可支配收入标准，自定残之日起按二十年计算；第十六条规定，被扶养人生活费计入残疾赔偿金或者死亡赔偿金。根据司法解释的规定，残疾赔偿金不仅是对受害人因丧失劳动能力而导致的收入损失的赔偿，也是对其扶养家属的补偿。因此，对残疾赔偿金的计算一般采用定额化方式，且不与个别受害人的实际经济损失挂钩，也不与受害人生存期间的长短直接关联。受害人实际生存期间短于二十年的，赔偿义务人也应当按照判决确定的标准给付残疾赔偿金。赔偿义务人也可以请求以定期金方式给付残疾赔偿金，定期金按照赔偿权利人的实际生存年限给付，给付金额可以根据执行期间有关统计数据变化进行调整。以定额化方式计算的残疾赔偿金数额可能高于也可能低于按定期金方式计算的赔偿金数额。本案赔偿义务人在诉讼中并未请求以定期金方式支付残疾赔偿金，就应当依法承担以定额化方式计算的残疾赔偿金，不能因受害人实际生存年限变化而请求减少赔偿金额。

第三，受害人死亡后，其继承人可请求执行残疾赔偿金。残疾赔偿金是对受害人因丧失劳动能力而导致收入损失的赔偿。因劳动而获得的收入，一般用于劳动者个人及其扶养家庭成员的生活、教育及发展，可不专用于劳动者个人。因此，因劳动能力丧失而获得的收入损失赔偿，同样可不仅仅由受害人个人使用，不具有人身专属性。在受害人死亡后，也不因被害人死亡而终止对残疾赔偿金的执行，残疾赔偿金作为受害人的财产权利可以由其继承人享有，故其继承人可依法申请继续执行残疾赔偿金，赔偿责任人也应当承担残疾赔偿金给付义务。

二、关于本案完全护理依赖护理费的执行问题

第一，受害人实际生存年限短于生效判决确定的护理费给付期间，

赔偿义务人已经支付的护理费中尚未经过护理期限的护理费不能退还。依据《审理人身损害赔偿案件的解释》第八条的规定，护理费根据护理人员的收入状况和护理人数、护理期限确定；受害人因残疾不能恢复生活自理能力的，可以根据其年龄、健康状况等因素确定合理的护理期限，但最长不超过二十年。对于护理费的计算，司法解释综合了多重因素，选择以大多数人的一般情况确定标准，由于判决之初无法确切知晓护理具体期限，因此，对于最长不超过二十年的护理期限，也应当理解为确定的期限，即在判决之时以确定的标准、确定的期限计算护理费，以此准确计算护理费数额，形成对受害人的保护。二十年期间的护理标准、护理费用通常情况下存在较大变化，司法解释以定额进行计算，亦说明护理费不与受害人实际支出挂钩。在生效法律文书确定的护理期限尚未届满之前，受害人已经死亡的，赔偿义务人已经支付的护理费中尚未经过护理期限的护理费系依照生效判决履行义务，依法有据，故不应退还。

第二，被害人实际生存年限短于生效判决确定的护理费给付期间，赔偿责任人尚未支付的护理费不再支付。因护理费是受害人需要他人护理而支出的费用，受害人死亡后，护理费不再产生，故具有明显的人身专属性。参照民事诉讼法第二百五十七条关于追索赡养费、扶养费、抚育费案件的权利人死亡，执行程序应当终结的规定，受害人死亡后，不应再继续执行护理费。

第三，赔偿责任人欠付的被害人生存期间的护理费，应当按照判决确定的标准支付该期间的护理费。对于赔偿责任人欠付的护理费，受害人及其家属以家庭其他财产支付后，该部分费用转化为受害人实际财产损失，故受害人的继承人有权要求赔偿责任人支付欠付的护理费。

一直以来，我国坚持人身损害赔偿制度的重心在于保护受害人的生命健康权，弥补其因生命健康权受到损害而导致的身体上的损害和财产上的损失，以及精神上的痛苦和创伤。但人身损害无论如何也无法与经济补偿画等号，赔偿标准及有关期限，只是赔偿的一个方面，其主要目的是便于法院在审理过程中确定赔偿数额，尽快解决纠纷，让受害人尽快拿到补偿。同时，司法解释规定了在人身损害赔偿中，可以以定期金方式给付，对于受害人将来的继续治疗费用、将来的残疾辅助器具费等具有高度人身专属性的赔偿，一次性赔偿有很多不公平的因素，转而适用定期金赔偿，更符合公平、正义的理念。

赵某平与虞某为民间借贷纠纷执行案

范加庆*

【裁判要旨】

主持分配法院在就被执行人某一财产分配后，再处置被执行人其他财产时，如果前述参与分配的债权人未能足额受偿，应当依职权通知其参与后处置财产的分配。因为参与分配的目的在于平等实现债权，所以对主持分配法院已知的符合参与分配条件的债权人，应当主动通知其参与分配，以实现对债权的平等保护。同时，因为已经申请参与分配且被纳入分配方案的债权人，已经取得了与向法院申请执行的债权人相同的法律地位，且申请执行与申请参与分配均具有实现债权的法律效果，所以主持分配法院再处置其他财产时，应当通知已分配过的债权人申请参与分配。

* 江苏省南通市中级人民法院四级法官助理。

[案号]

一审：（2021）苏0681执异148号

二审：（2021）苏06执复196号

[案情]

赵某平与虞某为民间借贷纠纷执行一案，执行过程中，启东市人民法院（以下简称启东法院）裁定拍卖虞某为、葛某红名下位于启东市汇龙镇凯旋华府××幢2205室房产，并于2020年10月18日在淘宝网司法拍卖平台竞拍成交，成交价117.5万元。2020年9月21日，张某安通过上海市松江区人民法院向启东法院申请分配拍卖款，请求分配的总金额为113403元。2020年11月16日，启东法院作出（2020）苏0681执1325号执行财产分配方案。其中，张某安在该案中受偿15818元。

方某健与虞某为、葛某红民间借贷纠纷一案，执行过程中，启东法院裁定拍卖被执行人葛某红名下、与虞某为共有的位于启东市汇龙镇香格花园××幢503室房屋（以下简称503室房屋），并于2020年12月27日在淘宝网司法拍卖平台竞拍成交，成交价167万元。赵某平等债权人申请对虞某为享有的份额参与分配。2021年2月18日，启东法院作出（2020）苏0681执2882号执行财产分配方案。后因有债权人所持执行依据被启东法院再审改判。随后，启东法院对（2020）苏0681执1325号、2882号分配方案中相应债权人债权的数额及之后扣划的两笔虞某为名下银行存款进行调整处理。2021年8月6日，启东法院作出（2020）苏0681执1325号、2882号通知书，将调整结果告知包括张某安在内的各债权人。张某安遂提出异议称：启东法院在分配被执行人虞某为名下汇龙镇凯旋华府××幢2205室拍卖款时，其作为债权人参与分配。启东法院在明知张某安的债权尚未得到足额清偿的情形下，在分配虞某为在503室房屋拍卖款中享有的份额及其名下的银行存款时，却未依职权通知其参与分配，直接作出了分配方案。该执行行为损害了其作为债权人的合法权益。请求启东法院准许其参与虞某为在503室房屋拍卖款中享有的份额及虞某为名下银行存款的分配，重新制作分配方案。

[审判]

启东法院经审查认为，张某安对葛某红名下503室房屋及银行存款，既未采取查封、冻结等执行措施，又不享有优先权、担保物权，且在法定期限内，其本人及执行案件受理法院均未向启东法院提交参与分配申请书。法院据此作出的分配方案，并无不当。对张某安请求参与分配葛某红名下503室房屋拍卖款及虞某为银行存款的异议请求，法院不予支持。据此，启东法院作出（2021）苏0681执异148号执行裁定，驳回张某安的异议请求。张某安不服，向南通中院申请复议。

南通中院经审查认为，本案的争议焦点是启东法院应否通知并准许张某安参与虞某为在503室房屋拍卖款中享有的份额及虞某为银行存款的分配。

南通中院认为，根据法律规定，参与分配应当由债权人主动申请。但是，参与分配制度的目的在于平等实现债权，弥补我国有限破产主义的不足，替代个人破产程序发挥平等受偿的功能，所以主持分配法院应尽可能通知已知的债权人参与分配，经通知后债权人未提交参与分配申请的，则视为该债权人放弃权利，以此最大限度实现债权平等受偿。正因如此，《江苏省高级人民法院关于正确理解和适用参与分配制度的指导意见》第十三条规定，启动参与分配程序，原则上依债权人申请，但有下列情形之一的，可依职权启动：（1）对被执行人财产首先申请采取查封、扣押、冻结措施的债权人并非本案债权人的，应当通知该债权人参与分配；（2）主持分配法院对已经设定权利负担的执行财产予以分配的，应通知其已知的对该财产享有优先权、担保物权的债权人参与分配；（3）其他法院对被分配财产已经采取轮候查封、扣押、冻结措施且已书面通知主持分配法院的，应通知已取得执行依据的轮候查封债权人申请参与分配；（4）执行法院已经受理多起涉及同一被执行人的执行案件且被执行人财产不能清偿所有债权的，应通知未申请参与分配的债权人申请参与分配；（5）其他依法应当依职权启动参与分配程序的情形。虽然上述规定只列举了4种具体情形，但同时规定了第五项兜底条款。所以，适用上述规定时不能仅因为不符合前4项情形就认为不应当依职权启动参与分配，而是要重点审查是否系主持分配法院已知的债权人，如果是前4项规定以外的已知债权人，则应适用第五项规定，依职权启动参与分配程序。具体到本案中，启东法院在第一个参与分配程序中，已知张某安对虞某为享有生效法律文书确定的债权且经分配未能全额受偿，故启东法院应当通知并准许张某安参与503室房屋拍卖款中虞某为享有的份额及虞某为银行存款的分配。

另外，在债权人已经向执行法院申请参与分配的情形下，与直接向执行法院申请执行，在实现债权的法律效果上并无差别，所以可以将参与分配视为申请执行，参与分配债权人亦可以视为执行法院的申请执行人。故参照《江苏省高级人民法院关于正确理解和适用参与分配制度的指导意见》第十三条第四项的规定，启东法院也应当通知张某安参与分配。综上，南通中院裁定如下：（一）撤销启东市人民法院（2021）苏0681执异148号执行裁定；（二）撤销启东市人民法院分配虞某为在启东市汇龙镇香格花园××幢503室房屋拍卖款中享有的份额和虞某为的32800元银行存款的行为，依法重新进行分配；（三）准许张某安参与虞某为在启东市汇龙镇香格花园××幢503室房屋拍卖款中享有的份额和虞某为的32800元银行存款的分配。

[评析]

法院应通知分配过的债权人申请参与分配

根据《最高人民法院关于适用〈中华人民共和国民事诉讼法〉的解释》(以下简称《民诉法解释》)第五百零六条规定，参与分配主要是依申请而启动。但是近年来在实践中也出现了依职权启动参与分配的情形，并逐步形成了以依申请启动为原则、依职权启动为例外的发展趋势。

一、参与分配启动方式的法律沿革和实践探索

早在1992年《最高人民法院关于适用〈中华人民共和国民事诉讼法〉若干问题的意见》中就规定了参与分配依申请而启动。[①] 1998年《最高人民法院关于人民法院执行工作若干问题的规定（试行）》（以下简称《执行规定》）再次重申了参与分配应当依申请启动。[②] 2008年出台的《最高人民法院关于适用〈中华人民共和国民事诉讼法〉执行程序若干问题的解释》第二十五条规定了"多个债权人对同一被执行人申请执行或者对执行财产申请参与分配的，执行法院应当制作财产分配方案"。根据该规定，多个债权人对同一被执行人申请执行的，无须债权人申请参与分配，执行法院直接将其纳入分配方案。但是2015

① 《最高人民法院关于适用〈中华人民共和国民事诉讼法〉若干问题的意见》第二百九十七条规定："被执行人为公民或者其他组织，在执行程序开始后，被执行人的其他已经取得执行依据的或者已经起诉的债权人发现被执行人的财产不能清偿所有债权的，可以向人民法院申请参与分配。"

② 《执行规定》第九十条规定："被执行人为公民或其他组织，其全部或主要财产已被一个人民法院因执行确定金钱给付的生效法律文书而查封、扣押或冻结，无其他财产可供执行或其他财产不足清偿全部债务的，在被执行人的财产被执行完毕前，对该被执行人已经取得金钱债权执行依据的其他债权人可以申请对该被执行人的财产参与分配。"

年出台的《民诉法解释》第五百零九条删除了“多个债权人对同一被执行人申请执行”的情形，修改为“多个债权人对执行财产申请参与分配的，执行法院应当制作财产分配方案”。[①] 根据新法优于旧法原则，应当适用《民诉法解释》第五百零九条的规定。因此，从法律沿革可知，目前参与分配只能是依申请而启动。如此规定，主要是遵循当事人处分原则，法院一般不主动启动。理论上，也有观点认为法院不能主动启动参与分配程序，不应主动通知其他债权人参与分配。[②] 执行实务中，也存在不赞同依职权启动参与分配的观点[③]，其主要理由包括加重主持分配法院的责任、通知送达难、制度成本更高等。

不过，也有赞同可以依职权启动参与分配的观点。如有的学者认为其他权利人向同一法院申请执行时，应视为申请参与分配。[④] 实践中，也已逐渐探索出两种依职权启动参与分配的方式。一是依职权通知债权人申请参与分配。如《江苏省高级人民法院关于正确理解和适用参与分配制度的指导意见》第十三条规定的5种可依职权启动参与分配的情形。二是采取拟制申请方式。即在符合一定条件下，视为债权人申请参与分配。重庆市高级人民法院在解答“主持参与分配的人民法院受理了涉及同一被执行人的多个案件的，如何处理”时认为，在符合参与分配情形时，主持参与分配的法院应直接将其受理的涉及同一被执行人的所有案件纳入参与分配方案，并将相关情况告知相应的债权人。[⑤] 该

---

① 参见最高人民法院修改后民事诉讼法贯彻实施工作领导小组：《最高人民法院民事诉讼法司法解释理解与适用（下）》，人民法院出版社2015年版，第1346页。

② 参见肖建国主编：《民事执行法》，中国人民大学出版社2014年版，第307页。

③ 《上海市高级人民法院执行局、执行裁判庭联席会议纪要（二）》在回答“对于未提交参与分配申请书的债权人，主持分配的法院是否应当通知其申请参与分配”时明确，普通债权人未提交参与分配申请书的，主持分配的法院无须通知其申请参与分配。

④ 参见杨荣馨：《〈中华人民共和国强制执行法（专家建议稿）〉立法理由、立法例参考与立法意义》，厦门大学出版社2011年版，第482页。

⑤ 参见《重庆市高级人民法院关于执行工作适用法律若干问题的解答（一）》（渝高法〔2016〕63号）。

规定实质为拟制参与分配申请。实践中，北京法院也有个案采取拟制申请方式，视为债权人已申请参与分配。[①] 因此，当前在一些地区已经形成了以申请参与分配为主、依职权启动参与分配为例外的参与分配启动方式。

二、依职权启动参与分配的必要性分析

从上述可知，理论和实务界都对能否依职权启动参与分配存在一定分歧。笔者认为，从以下三方面考虑，对符合一定条件的债权人应当依职权启动参与分配。

一是平等实现各债权人的债权。根据《执行规定》第五十五条第三款规定，我国参与分配采取的是平等主义，对各债权人的债权按照比例分配。这是因为我国参与分配制度主要适用于自然人和非法人企业和其他组织，目的是弥补有限破产主义的不足，平等实现债权人的权利。[②] 因此，实现对债权的平等保护是参与分配制度的根本目的。虽然不能像破产程序一样通知所有债权人来申报债权，但是对其他已知的符合参与分配条件且为了实现债权已经采取了相应措施的债权人，如已经向同一法院申请执行或者已经采取查封措施，虽未申请参与分配的，但是已经通过行动表明了希望实现债权的意思，与直接申请参与分配的效果并无区别，此时应当通知其申请或者将其债权直接纳入分配方案，这是通过参与分配平等实现债权目的的应有之义。

二是弥补当事人信息不对称问题。如果债权人能够申请参与分配而不申请，可视为其放弃权利，无依职权启动参与分配的必要。但是当前，被执行人财产难查的问题依然存在，特别是面对债务人财产流动性

① 参见北京市高级人民法院（2022）京执监19号执行裁定书。

② 参见肖建国、庄诗岳：《参与分配程序：功能调整与制度重构——以一般破产主义为基点》，载《山东社会科学》2020年第3期。

快、隐蔽性强、财产形式金融化、多元化的特点，执行法院尚难以查明债务人财产的真实情况，更何况是债权人。同时，由于执行管辖的变更、处置权的移送、首封法院的变化、执行程序的中止和恢复等，债权人也不能及时了解财产的具体处置情况。两者共同叠加作用，使得有些债权人并不清楚财产的处置法院、处置进度。因此，有必要通知其申请或通过拟制申请方式，弥补债权人信息不对称的问题，避免债权人失去实现债权的机会，造成实质上的不平等受偿。

三是确保债权人的债权及时实现。民事执行作为公法行为，不能只保护个别债权人，而应当以司法为民的理念，积极保护各方债权人的权利。特别在参与分配采取平等主义时，执行法院明知有债权人未受偿时，不告知其申请参与分配，明显与司法为民理念相违背。退一步分析，即便是采取优先主义原则，那么在首封法院的债权人优先受偿后，也应当通知轮候查封法院，将剩余款项交其处理，不能将剩余款项退回给被执行人，否则在债务人拒绝履行时，等同于法院帮助了债务人规避执行，损害了债权人的利益。为此，《最高人民法院关于正确处理轮候查封效力相关问题的通知》（以下简称《通知》）明确，首封债权人受偿后变价款有剩余的，不能退回被执行人，应当将相关情况告知已知的轮候查封债权人。《通知》系践行司法为民理念，保护轮候查封债权人合法权利的重要体现。

综上，执行法院在已知有债权人未受偿且符合参与分配条件的情况下，应当主动通知该债权人申请参与分配。

三、依职权启动参与分配具有理论正当性

依职权启动参与分配不仅具有必要性，而且还具有理论支撑。考察执行实践，依职权通知参与分配的债权人主要包括向主持分配法院申请执行的债权人、对处置财产采取执行查封措施的债权人等。对于这些债权人应当依职权通知其参与分配。具体详述如下。

一是向同一法院申请执行的债权人。首先，此情形具备参与分配的基本条件。《民诉法解释》第五百零六条规定，被执行人为公民或者其他组织，在执行程序开始后，被执行人的其他已经取得执行依据的债权人发现被执行人的财产不能清偿所有债权的，可以向人民法院申请参与分配，所以参与分配的条件是债权人取得执行依据和债务人财产不能清偿所有债权。向同一法院申请执行，说明该债权人有执行依据，执行法院自身可以通过在先执行案件判断出被执行人财产能否清偿全部债权，所以具备参与分配的基本条件。其次，向同一法院申请执行具有与申请参与分配相同的效果，均是为了实现债权。在债权人通过申请执行已经作出了与申请参与分配相似的意思表示后，等同于已经申请了参与分配。在日本，向同一法院申请执行的债权人，无须再申请参与分配，而是通过法律拟制方式视为其已经申请。虽然我国没有规定参与分配拟制申请制度，但可以通过通知债权人申请参与分配的方式保护债权人的权利。

二是对同一财产采取执行查封措施的债权人。此情形是指两个以上债权人向不同法院申请执行的执行案件对同一财产采取了查封措施，在有处置权法院处置财产时，其他查封债权人虽未申请参与分配，但法院在处置财产后应当通知其参与分配。首先，对财产采取执行查封措施的债权人，与向同一法院申请执行的债权人相似，具备参与分配的基本条件。其次，对同一财产查封均是为了实现债权，与申请参与分配具有相似的效果，所以虽然未申请参与分配，但是通过对同一财产采取查封措施，已经表明了希望通过财产变价实现债权的意思，所以，应当通知其申请参与分配。最后，根据《通知》规定，轮候查封对财产变价款也具有约束力，所以也应当通知轮候查封债权人申请参与分配。

三是向执行法院申请过参与分配的债权人。债权人向执行法院申请过参与分配后，对执行法院处置其他财产时，应否视为其参与分配？赞同的观点认为，有执行依据的普通债权人，申请参与分配后即附从于申请强制执行的债权人，如已处置财产分配后未能足额受偿的，对执行法院处置其他财产时虽未申请参与分配，仍应同受分配。① 反对的观点认为，申请参与分配是对特定财产的申请分配，不能视为对所有财产的参与分配。② 笔者赞同前者的观点。第一，其他债权人通过申请参与分配已进入执行程序，与申请执行人同为执行程序中的债权人，理应取得类似申请执行人的法律地位，参照向同一法院申请执行时债权人的情形处理。第二，可以鼓励其他债权人通过参与分配实现债权，避免申请执行，造成执行程序重复，以节约司法成本。

具体到本案中，虽然复议申请人没有对后处置的财产申请分配，但对之前处置财产的申请参与分配，已经使其取得了类似向主持分配法院申请执行的债权人地位。因此，本案中主持分配法院也应当通知复议申请人申请参与分配。

① 参见杨与龄：《强制执行法论》，中国政法大学出版社2002年版，第283页。

② 参见曲巍、陈虎军：《执行实施操作指引》，人民法院出版社2018年版，第294页。

最新法律文件解读丛书

稿　　约

最新法律文件解读丛书是一套以为最新法律规范提供同步"解读"为主的系列丛书,分为刑事、民事、商事、行政与执行4个分册,按月出版。

本丛书以"解读"为重点,突出全、专、新、快、准等特点,通过对最新出台的法律、法规、司法解释、部门规章以及重要地方性法规进行同步动态解读,弥补了法律、法规、司法解释汇编类出版物没有同步阐释、解读内容的不足,为广大读者学习理解最新法律规范,正确贯彻执行法律文件,及时解决实践中的新情况、新问题,提供一个全方位、多层面的法律信息平台。

欢迎您向以下栏目赐稿:

【最新法律文件解读】主要是对最新颁行的法律文件进行解读,帮助司法和执法人员正确理解法律文件的立法背景、意义、重点内容、在适用中应注意的问题、与相关法律文件的衔接与互动关系等。

【司法实务问题研究】主要刊登对司法理论、实务及司法管理工作中的热点、疑难问题进行研究及评论的文章。

【新类型疑难案例选评】主要是对司法和行政执法实践中具有典型性和代表性的疑难案例,结合具体案情以及审理或处理结果进行简练精辟的点评,解析认识问题的方法、处理问题的法律依据和在个案中的具体适用。

【法学前沿与新视点】以摘要的形式刊登相关法学理论研究的最新动态及具有代表性和典型性的前沿问题,扩展法学研究的深度和广度。

【法律适用问题解答】主要针对司法和行政执法实践中面临的新问题、热点问题、疑难问题进行简要的解答,指出涉及的法律关系,明确法律适用依据。

稿件一经刊用即付稿酬,稿酬从优。

《刑事法律文件解读》　周　敏　邮箱:xingshijiedu@163.com

《民事法律文件解读》　杨　洁　邮箱:1216921515@qq.com

《商事法律文件解读》　路建华　邮箱:shangshijiedu@126.com

《行政与执行法律文件解读》　丁塞峨　邮箱:1290312696@qq.com

人民法院出版社

最新法律文件解读丛书编辑部

人民法院出版社2025年连续出版物

中国审判指导丛书

1.《刑事审判参考》

最高人民法院刑事审判第一庭、第二庭、第三庭、第四庭、第五庭共同主办。全年6辑,每辑68.00元,共408.00元。

2.《民事审判指导与参考》

最高人民法院民事审判第一庭编。全年4辑,每辑68.00元,共272.00元。

3.《商事审判指导》

最高人民法院民事审判第二庭编。全年2辑,每辑68.00元,共136.00元。

4.《立案工作指导》

最高人民法院立案庭编。全年2辑,每辑68.00元,共136.00元。

5.《审判监督指导》

最高人民法院审判监督庭编。全年2辑,每辑68.00元,共136.00元。

6.《知识产权审判指导》

最高人民法院民事审判第三庭编。全年2辑,每辑68.00元,共136.00元。

7.《涉外商事海事审判指导》

最高人民法院民事审判第四庭编。全年2辑,每辑68.00元,共136.00元。

8.《中国少年司法》

最高人民法院少年法庭指导小组编。全年4辑,每辑68.00元,共272.00元。

9.《执行工作指导》

最高人民法院执行局编。全年4辑,每辑68.00元,共272.00元。

10.《国家赔偿与司法救助办案指导》

最高人民法院赔偿委员会办公室编。全年2辑,每辑68.00元,共136.00元。

最新法律文件解读丛书

《刑事法律文件解读》《民事法律文件解读》《商事法律文件解读》《行政与执行法律文件解读》

人民法院出版社编。全年12辑,每辑28.00元,共336.00元。

判解研究系列

1.《判解研究》

中国人民大学民商事法律科学研究中心主办,著名民法学家王利明教授主编,CSSCI来源集刊。全年4辑,每辑68.00元,共272.00元。

2.《刑事法判解》

北京大学法治与发展研究院刑事法治研究中心主办,著名刑法学家陈兴良教授主编,车浩教授任执行主编。全年2辑,每辑68.00元,共136.00元。

3.《刑事法判解研究》

北京师范大学刑事法律科学研究院编。全年2辑,每辑68.00元,共136.00元。

司法从业人员案头必备权威工具书

1.《司法文件选》

最高人民法院研究室编。全年12辑,每辑定价8.00元,共96.00元。

2.《司法文件选解读》

最高人民法院研究室编。全年12辑,每辑定价10.00元,共120.00元。

3.《司法文件选(2023年合订本)》

最高人民法院研究室编。本书定价82.00元。

4.《司法文件选解读(2023年精选集)》

最高人民法院研究室编。本书定价86.00元。

银行汇款方式:

开户银行:工行北京国家文化与金融合作示范区金街支行

账号:0200000709004606170

开户名称:人民法院出版社有限公司

传真:010-67550541

上述图书,邮购请加15%邮费。

邮局汇款方式:

邮编:100745

地址:北京市东城区东交民巷27号

联系人:人民法院出版社有限公司

咨询电话:010-67550595　67550536